KB193620

세상을 보는 지혜의 기술

세상을 보는 지혜의 기술

초판 1쇄 발행 | 2022년 10월 27일
초판 3쇄 발행 | 2024년 8월 2일

지은이 | 발타자르 그라시안
옮긴이 | 이진
펴낸이 | 구본건
펴낸곳 | 비바체
주소 | (07668) 서울, 강서구 등촌로39길 23-10, 202호
전화 | 070-7868-7849 **팩스** | 0504-424-7849
전자우편 | vivacebook@naver.com

본문 | 미토스
표지 | ㈜

ISBN 979-11-977498-5-8 03320

세상을 보는
지혜의 기술

발타자르 그라시안 지음

이진 옮김

VIVA체

인간의 본성을 날카롭게 꿰뚫는
발타자르 그라시안

1601년, 기울어가는 에스파냐 제국에서 의사의 아들로 태어난 발타자르 그라시안은 18세 때 예수회 신부가 되었다. 풍부한 식견과 지혜를 바탕으로 펼친 강의로 큰 명성을 얻은 그는 인간을 날카로운 이성으로 집요하게 파고들었다.

그라시안은 인간을 그리 위대한 존재로 여기지 않았다. 그의 눈에 인간은 이기적인 데다 허세와 허풍이 심하고, 변덕이 죽 끓듯 하는 피조물에 불과했다. 그리하여 인간에 대한 조금의 미화도 없이, 그는 이러한 속성을 가진 사람들과 맞물려 살아갈 때 발휘해야 할 현자의 자세를 담담하게 풀어냈다. 그의 결론은 다음과 같다.

현명해져라, 꼭 필요한 만큼만 예의를 갖추는 게 바로 현명한 것이다.

그리하면 성공이 보장될 것이요,
그리하면 사람들이 너를 완전하다 여길 것이다!

그라시안은 현실 비판적인 태도 때문에 예수회에서 수차례 제명당할 위기에 처하곤 했다. 그러나 신부로서 탁월한 역량을 발휘하며 그 위기들을 극복했다. 결국 그는 에스파냐 국왕의 고문으로 발탁되어 마드리드 궁정에서 철학을 강의하기까지 했다.

발타자르 그라시안은 삶의 지혜란 일상에 적용할 수 있는 것이어야 한다고 보았다. 그의 저서들이 수많은 처세술 서적 중에서 오랫동안 상위를 차지하는 까닭이 바로 이것이다.

이 책은 어두운 속성을 지닌 약점투성이 인간들을 어떻게 대해야 하는지, 이해타산을 따지는 위선자들의 마음을 어떻게 파악하고 세상을 헤쳐 나아가야 하는지 등 그에 대한 지혜를 담고 있다. 이 책을 통해 우리는 합리적인 삶을 살아가는 법을 깨달을 것이다. 더불어 그라시안이 과감하게 드러낸 인간의 여러 속성을 통해 우리 자신의 모습 또한 돌아볼 것이다.

목차

목차

★
목차

목차

§

훌륭한 인생은
높은 정신 수련에서 나온다.

§

자기 자신을 알라

자기 자신을 알아야 한다. 스스로에 대해 제대로 알지 못하면 자신을 통제할 수 없다. 자신의 지성, 어떤 일을 수행하는 능력, 용맹성 정도를 알지 못하면 이제 어떻게 행동해야 할지 알 수 없다. 자신의 지성 깊이를 가늠하고 자신의 능력이 어느 정도인지를 잘 따져 보아야 한다.

장점을 보여주어라

　너무 많은 것을 주는 자를 경계하라. 그건 진정으로 주는 게 아니라 파는 것이다.

　자신의 장점을 상대방에게 보여주는 데도 기술이 필요하다. 장점은 한 번에 조금씩, 그리고 자주 보여주어야 한다. 상대방이 나의 장점을 도저히 따라잡을 수 없을 것 같다고 생각하게 해서는 안 된다. 상대방이 나에 관한 모든 것을 꿰뚫게 만들지 말라. 남이 자기보다 훨씬 더 큰 힘을 지녔다는 것을 아는 순간, 상대방은 나와의 관계를 끊어버릴 수 있다. 즉, 사람을 잃는 가장 단순한 방법은 상대방에게 지나친 부담을 주는 것이다. 누구든 그 부담을 감당하기 싫어서 한 걸음씩 물러나기에 이른다. 나아가 그들은 부담 때문에 오히려 적으로 돌변한다.

　무언가를 줄 때 활용해야 할 기술은 그 무엇이 그리 값비싼 게 아닌 듯한 느낌을 주면서도 갖고 싶게 만드는 것이다. 그리하면 값은 더 오르게 마련이다.

말과 행동

언제 어디서든 말과 행동으로 깊은 인상을 심어주는 것이 중요하다. 그리하면 좋은 평판과 존경심이 따르게 마련이다. 대중의 마음을 정복하는 것보다 더 큰 승리는 없다. 대중의 마음은 무턱대고 밀어붙여서 혹은 교묘한 말재주를 부려서 정복할 수 있는 것이 아니다. 대중은 우리가 그간 쌓아온 업적과 이로 말미암아 빛나는 카리스마에 마음을 빼앗긴다.

신중함에 대하여

늘 농담만 일삼는다는 인상을 주어서는 안 된다. 한 사람의 지성은 진지한 상황에서 드러난다. 따라서 유머 감각보다는 신중함을 지니고 있어야 더 큰 명예를 얻을 수 있다.

매사에 농담만 하고 진지하지 못한 태도를 보이는 자는 결코 신중해야 할 큰일을 감당해내지 못한다. 사람들은 그가 하는 말 중 하나는 거짓이고 하나는 농담이라고 여기기에 그를 사기꾼쯤으로 치부해버린다. 또한 그가 언제 진심을 내보일지 알지 못하니, 그에게는 진심이라는 게 없다고 생각한다.

늘 중요하지 않은 이야기나 우스갯소리만 하는 것은 부적절한 행동이다. 현명한 사람이라는 신망을 버리면서까지 재미있는 사람이라는 평판을 얻으려 하는 것일까. 농담을 하는 동안은 그의 편이던 이들도 나머지 시간에는 모두 진지한 사람 편으로 몰려간다.

상대방에게 부담을 주지 말라

　장사하거나 말로 먹고사는 사람들은 남에게 부담이 되기 쉽다. 간결한 말투일수록 상대방에게 더 잘 전달되고 거래도 수월해진다. 말이 길어지면 자칫 무례가 될 수 있다. 반면 간결한 말에는 예의를 담을 수 있다. 장점을 짧은 말로 소개할 경우 그 효과는 두 배가 된다. 단점을 짧게 설명한다면 특별히 나쁜 결과를 낳지는 않는다. 지혜로운 이는 남에게 부담이 되지 않으려고 주의를 기울인다. 특히 상대하려는 이가 매우 바쁜 일상을 보낸다거나 큰일을 하는 사람이라면 더욱 그러하다. 효과를 보고 싶다면 짧게 말해야 한다.

말을 조심하라

자기 자신에 대해 절대 언급하지 말라. 자신에 대한 이야기는 둘 중 하나 아니던가. 허영심 가득한 자화자찬에 빠지거나 소심함으로 증폭한 자기비난에 빠지거나.

어리석은 말은 듣는 이에게 고역이다. 그러니 일상적 대화에서도 자신에 대한 이야기를 피하라. 고위직에 있다든지 대중 앞에서 연설해야 할 일이 있는 경우 더더욱 조심해야 한다. 대중은 상대의 가벼운 실수만으로도 그의 됨됨이를 판단해버리기 때문이다.

그 자리에 있는 사람에 대해서 말하는 것도 피하라. 이는 몹시 현명하지 못한 행위다. 아첨이나 비난 중 하나가 될 가능성이 크기 때문이다.

말뿐인 자와 행동이 뒤따르는 자

말뿐인 자와 행동이 뒤따르는 자를 구분할 줄 알아야 한다. 이때 친구와 지인, 동료를 구분할 때처럼 철저히 하라.

말을 거창하게 꺼내고 행동이 뒤따르지 않는 것도 나쁘지만, 형편없는 말을 던지고 그것을 행동에 옮기는 것은 더더욱 좋지 않다. 말은 바람과 같아서 끼니를 책임져주지 못하고, 행동은 예의를 갖춘 허상에 불과하므로 삶을 책임져주지 못한다.

말은 행동의 근간이 될 때 비로소 그 쓸모가 있다. 잎사귀만 무성할 뿐 열매를 맺지 않는 나무를 어디에 쓰랴. 고갱이가 있는 나무를 택하라. 어떤 나무를 베어서 활용하고 어떤 나무를 그늘을 드리우기 위한 차양으로 사용할지 구분할 줄 아는 능력을 길러라.

말은 유창하게, 행동은 성실하게

　말과 행동이 완전한 인물을 만든다. 말은 유창하게 하고, 행동은 성실하게 하라. 전자는 머리의 완벽함을, 후자는 마음의 완벽함을 보여주는 증거다. 이 둘은 탁월한 영혼에서 비롯된다.

　말은 행동의 그늘이다. 말은 여성적이요, 행동은 남성적이다. 내가 명예로워지는 것이 나을까, 남을 명예롭게 만드는 것이 나을까? 당연히 전자다. 말하기란 쉽지만, 행동하기란 쉽지 않다.

　행동은 삶의 본질이고 말은 거기에 더해지는 장신구다. 탁월한 행동은 끝내 회자되지만, 탁월한 언사는 시간이 지나면 사라진다.

　행동은 생각의 열매다. 현명하게 생각했다면 행동은 성공으로 이어질 것이다.

친구를 조심히 대하라

살얼음판 같은 사람이라면 그 누가 친해지고자 하겠는가. 친구 사이일수록 더더욱 언행을 조심하라. 관계를 쉽게 깨뜨리는 이들이 있다. 그들의 마음이 그다지 강하지 못하다는 방증이다.

그들은 떠돌지도 않은 말들을 상상해내 스스로 모욕감을 느끼고 남들에게 불쾌한 공세를 가한다. 그들은 눈동자보다 약한 기질로, 농담으로든 진심으로든 건드리는 것을 견디지 못한다.

그들은 아무 의미 없는 사소한 일에도 상처를 받기 일쑤다. 일부러 공격할 필요도 없다. 그런 자들을 상대할 때는 그저 조심하는 게 최선의 방어다. 그들이 상처받기 쉬운 기질임을 늘 염두에 두고 표정을 관찰하라. 그들은 조금이라도 불쾌하면 역정을 부리곤 한다.

그들은 대개 매우 이기적이며 자기 기분의 노예에 다름 아니다. 그렇기에 기분이 좋아지기만 한다면 무엇이든 내팽개치기를 망설이지 않는다. 그들은 스스로 만들어낸 거짓 명예의 추종자들이다.

　사랑을 하는 자는 금강석처럼 강인하다. 연인을 금강석에 비유하는 것도 이 때문이다.

급할수록 차분하게

지성이 오랫동안 숙고하였다면 순식간에 실천하는 행동력이 있어야 한다. 그러나 숙고하지 않은 채 성급히 행동하는 것은 옳지 않다. 그렇게 하는 이들은 문제의 핵심을 파악하지 못했으므로 부주의하게 일에 뛰어드는 것이다.

한편, 현명한 이들 중에는 너무 오래 주저하는 실수를 저지르기도 한다. 예측한 상황에 맞게 대비책을 마련하려는 것이겠지만, 행동력이 부족하면 올바른 판단이 맺는 열매를 거둘 수 없다.

민첩하게 행동하라. 비록 오늘 할 일을 내일로 미루지 않는 것만으로도 이미 많은 일을 한 것이지만, 그럼에도 더 민첩해져라. 민첩하게 행동하는 것은 행복의 어머니다. 급할수록 돌아가라던 황제들의 말이 지닌 참뜻을 파악하여야 한다.

세상을 보는 올바른 눈을 지니라

세상을 보는 올바른 눈을 지녀라. 무언가를 보고 있다 해서 늘 눈뜨고 있다고 말할 수는 없다. 주변을 둘러본다고 해서 그것을 제대로 관찰하고 있다고 할 수도 없다.

어떤 이들은 더 이상 볼 것이 없을 때가 되어서야 보기 시작한다. 하지만 그들은 제정신을 차리기 전에 이미 자기가 가진 전 재산을 잃어버린다.

의지가 결여된 지성에 무언가를 가르치기란 얼마나 어려운 일인가. 지성이 결여된 의지에 무언가를 가르치기란 더더욱 어려운 노릇이다.

훌륭한 행동을 보여라

    실제로 행동하고 그 행동을 남들이 보게 하라. 존재 자체로서 평가받기란 얼마나 힘든 일이던가. 차라리 '보이는 것'으로 평가받으라. 미덕을 지녔다면 그 미덕을 보여주어라. 두 배로 더 큰 가치를 누릴 수 있다.

    남들이 볼 수 없는 건 존재하지 않는 것이나 마찬가지다. 아무리 올바르더라도 올바르게 보이지 않는다면 그에 걸맞은 존경심을 받을 수 없다. 곳곳에 허상이 만연하니, 사람들은 사물을 겉만 보고 판단할 수밖에 없다. 그러나 겉으로 보이는 모습과 실체와의 거리는 얼마나 멀던가. 훌륭한 행동은 내면의 완벽함을 더더욱 빛나게 만든다.

자신의 가치를 드높이라

　매사에 여유분을 비축함으로써 자신의 가치를 드높여라. 무슨 일이 있을 때마다 그 즉시 자신의 재주와 능력 전부를 드러낼 필요는 없다. 일이 잘못 풀렸을 때를 대비해 늘 빠져나갈 틈을 남겨두어야 한다. 퇴각의 여지를 조금 남겨둘 때 전면 공세보다 더 많은 것을 얻을 수 있다. 이를 통해 자신의 가치와 평판을 격상시킬 수 있다.

자신의 가치를 알려라

　자신의 가치를 부각시킬 줄 알아야 한다. 내면에 선한 가치를 지니고 있는 것은 무척 중요하지만 그것만으로는 충분치 않다. 모든 사람이 핵심을 파고들 줄 알거나 속내를 들여다볼 줄 알지는 못하기 때문이다. 우리 대부분은 대중이 몰려가는 방향으로 우르르 몰려가곤 한다. 또한 남들이 되돌아오면 우리도 그들과 함께 되돌아와버리곤 한다. 그렇기 때문에 자신을 부각하는 기술이 필요하다.

　때로는 무언가를 칭송함으로써 대중이 그것을 갖고 싶어하게 만들어라. 때로는 인상적인 사건과 이름을 거론함으로써 더불어 그 가치를 드높여라. 물론 거짓말로 허풍을 떨어서는 안 된다. 더 나아가 사람들에게 똑똑하다고 칭찬해주는 것도 매우 필요한 일이다. 다들 자신이 똑똑한 줄 알고 있기 때문이다.

　그러나 대중이 나에 대해 그리고 나 자신이 지닌 그 무엇에 대해 가벼운 것 혹은 평범한 것으로 인식하게

해서는 안 된다. 그렇게 하면 짐을 덜기는커녕 위신만
실추될 뿐이다.

누구나 특별한 것을 갈구한다. 뛰어난 취향을 가진
자든 탁월한 지성을 지닌 자든 특별한 것에 끌리기는
마찬가지다.

오래 사는 비결

오래 사는 비결은 올바른 삶을 사는 것이다. 삶을 지속하지 못하는 두 가지 길은 어리석음과 방탕이다. 어리석은 자들은 삶을 유지하는 데 필요한 지성을 갖추지 못했고, 방탕한 자들은 삶을 유지할 의지가 빈약하다.

미덕이 그 자체로 상이 되듯, 악덕은 그 자체로 벌이 된다. 악덕만 좇으며 세월을 허송하는 자는 소중한 나날을 의미도 없이 소모하는 것과 같다. 그러나 보라, 미덕만 좇는 이들은 어떠한가. 불멸이다. 영혼의 고결함은 밖으로 드러나니, 올바른 삶은 내면에서 외면으로 연장되게 마련이다.

대중의 취향을 비판하지 말라

남들이 모두 좋다고 하는 것에 대해 홀로 비판의 입장을 취하지는 말라. 많은 사람이 좋아하는 것에는 좋은 점이 있게 마련이다. 나로서는 도저히 설명할 이유를 찾지 못했을지라도 어쨌든 사람들은 그것을 보고 즐거워하지 않는가.

남다른 취향은 늘 사람들의 미움을 사기 쉽다. 나아가 잘못된 취향이라며 비웃음을 사기도 한다. 어느 물건에 대해 트집을 잡지 말라. 그 물건의 명성에는 타격을 주지 못한다. 오히려 자신의 물건 보는 눈에 대한 평판에 흠만 생기거나 도저히 공유할 수 없는 취향을 지닌 자라는 평판만 떠안을 뿐이다.

어느 물건에 대해서 좋은 점을 찾아낼 수 없다면 우선 그 물건에 대한 비판을 잠시 멈추라. 그로써 장점을 찾아내지 못하는 자신의 무능함을 감출 수 있다.

모두가 옳다고 하는 것은 결국 옳다. 혹은 언젠가는 옳은 것이 되고 만다.

진솔한 지성을 갖추어라

끊임없는 성공을 보장받고 싶다면 진솔한 의도를 지닌 지성을 모으라.

악의는 모든 종류의 완벽함을 독으로 물들이기에 지극히 멀리해야 한다. 건강하지 못한 이성에 사악한 의지가 달라붙으면 뒤틀린 폭력을 양산하고, 악의가 지식을 품으면 매사가 기묘하게도 뒤틀린다. 지성이 배제된 지식은 어리석음을 배가시킬 뿐이다.

어리석음을 가장하라

상대방의 어리석음을 이용할 줄 알아야 한다. 진실로 위대한 이들은 때때로 모르쇠를 잡는다. 아무것도 모르는 체하거나 모른다고 잡아떼는 것이 최상의 지혜인 경우가 있기 때문이다.

어리석은 자 앞에서 지혜를 드러내거나 슬기롭지 못한 자 앞에서 현명함을 드러내는 것은 전혀 도움 되지 않는다. 사람을 가려 상황에 맞는 언어를 구사하라.

어리석음을 가장하는 자는 진짜로 어리석은 게 아니다. 어리석은 자들 때문에 스스로를 괴롭게 만드는 자가 진정한 멍청이다. 어리석음을 가장하는 것은 진짜로 어리석은 게 아니다. 이는 논란에 휘말리지 않기 위해 꾀를 쓰는 것이기 때문이다. 물론 꾸미지 않아도 어리석은 것이야말로 진정한 어리석음이다. 호감을 사는 유일한 방법은 가장 단순한 짐승의 가죽을 뒤집어쓰는 것임을 명심하라.

어리석음을 경계하라

세상에 만연한 어리석음에 물들어서는 안 된다. 이는 매우 현명한 처사다.

대중적 어리석음은 꽤 위력적이다. 널리 퍼져 있다는 것이 바로 그 이유다. 어떤 이들은, 자기는 절대로 어리석음에 물들지 않겠다고 다짐하지만 결국 대중적 어리석음을 피해 가지 못한다.

대중적 어리석음이란 예컨대 다음과 같다. 사람들은 아무리 큰 행운을 얻어도 절대 기뻐하지 않는다는 편견, 아무리 보잘것없는 지성을 지녀도 절대 슬퍼하지 않는다는 편견, 다들 자신의 운명은 비관하면서 남의 신세를 부러워한다는 생각, 오늘을 사는 사람은 어제의 일을 칭송하고 어제를 산 사람은 오늘의 일을 칭송한다는 생각 등등이다. 이 모든 것이 어리석기 짝이 없는 생각이다.

지나간 것들은 모두 다 좋았고, 아직 닥치지 않은 것들 모두 다 좋을 것이라는 생각 역시 착각에 불과하

다. 무조건 즐거워하는 자
또한 무조건 슬퍼하는 자
만큼이나 바보다.

020

석연치 않은 일에는 뛰어들지 말라

무모한 일이라는 의심이 든다면 절대 그 일을 실행해서는 안 된다. 행동해야 할 사람이 일의 성공 여부를 의심한다면 구경꾼은 완벽한 확신을 갖는다. 그 구경꾼이 경쟁자라면 우리의 약점을 잡은 셈이다.

열정을 갖고 행해야 할 때 이미 그 행동에 대해 의문을 가진다면 어찌 될 것인가? 이는 열정이 가라앉았을 때 자신의 행동이 멍청했다는 깨달음으로 이어질 것이다.

무모하다고 생각되는 일에 뛰어들지 말라. 석연찮은 일에는 뛰어들지 않는 편이 지혜롭다. 현명한 이는 막연히 생각하지 않는다. 기획 단계부터 근심이 생기는데, 어찌 그 사업이 잘 돌아가겠는가? 내면에 일말의 거리낌도 들지 않는, 심사숙고의 결과로 탄생한 결의들도 때로는 불행한 결말을 맞는다. 마음이 흔들리고 의심이 깃든 상태에서 내린 결정들로부터 어떤 결과를 기대한단 말인가?

매사에 일말의 은밀함을 남겨두라

마음속 계획을 확정 짓지 않고 불확실한 상태로 놓아둠으로써 늘 긴장을 유지할 수 있다. 새로운 것에 대한 기대감은 곧 성공을 평가하는 척도가 될 것이다. 자신이 가진 패를 다 보여주고 게임에 응하는 것은 도움되지 않을뿐더러 유쾌한 일도 아니다. 자신의 의도를 즉시 밝히지 않음으로써 사람들의 기대를 자극할 수 있다. 고위직 인사로서 그 행보에 대중의 관심이 쏠린 경우라면 더더욱 그러해야 한다.

매사에 일말의 은밀함은 남겨두어야 한다. 심지어 자신의 의사를 밝히는 순간에도 너무 확실한 표현은 피해야 한다. 대인관계에서도 함부로 그 속내를 드러내서는 안 된다. 신중한 침묵은 오히려 현명함의 깊이를 가늠하지 못하게 해 경이롭다는 기대감을 이끌어낸다.

사람들은 입 밖으로 뱉은 계획을 높이 평가하기보단 오히려 비난할 점을 찾기 바쁘다. 따라서 상황이 악

화되면 감당해야 할 불행은 곱절이 된다. 그러니 사람들의 마음을 흔들어라. 사람들은 신이 인간을 위해 무언가를 해줄 거라고 기대한다. 그것이다. 기대감을 자극해 사람들의 추측과 불안감을 유지시켜라.

기대감을 유지하라

　사람들의 기대에 활기를 불어 넣으려면 먼저 나의 기대감에 확신을 가져야 한다. 많은 그 무엇에서 더 많은 게 탄생할 것임을 약속할 수 있어야 한다. 기대감이 더욱 빛날 수 있도록 행동해 차츰 가능성을 보여주어야 한다. 처음 던지는 주사위에 자신의 모든 것을 걸지는 말라.

혼자 있을 때도 행동을 삼가라

늘 누군가가 나를 주시하고 있다 가정하고 행동하라.

사려 깊은 이들은 남들이 나를 보고 있다는 사실, 혹은 보게 될 것이라는 사실을 늘 염두에 두고 행동한다. 신중한 이들은 벽에도 귀가 있으며 나쁜 행실은 반드시 해가 되어 되돌아온다는 사실을 잘 알고 있다. 그렇기에 혼자 있을 때도 온 세계의 이목이 자신에게 집중된 것처럼 처신한다. 그들은 아무리 비밀로 하려 해도 결국 모든 것이 만천하에 드러난다는 사실을 이미 알고 있다. 그렇기에 그들은 자신의 행동을 나중에 알게 될 사람들이 지금 이 자리에 목격자처럼 와서 자기를 쳐다보고 있다고 생각하며 행동한다.

과묵하라

　과묵함은 능력 있는 자의 봉인과 다름없다. 비밀이 없는 가슴은 뜯겨서 내용이 드러난 편지와 같다. 그릇이 깊은 이는 비밀도 깊이 간직한다.

　과묵함은 위대한 자제력에서 비롯되는데, 자기 자신을 극복하는 것이야말로 진정한 승리다. 자신에 관한 이야기를 떠벌리면 떠벌릴수록 이용당하기 쉬운 사람이 되고 만다.

　행동으로 해야 할 일은 말로 할 필요가 없고, 말로 해야 할 일은 행동으로 할 필요가 없다.

감히 윗사람을 능가하려고 들지 말라

군이 윗사람을 이기려고 해서는 안 된다. 자기보다 뛰어난 자를 좋아할 이 누구랴. 그럼에도 감히 윗사람을 능가하는 자신을 드러내는 이는 매우 어리석은 사람으로, 비운의 화살에 맞아 불구덩이에 뛰어들 준비가 된 것이라고밖에 볼 수 없다.

사람은 대부분 자기보다 뛰어난 자를 미움의 대상으로 삼게 마련이다. 능력이 뛰어난 자일수록 남에게 지는 것을 더욱 못 견뎌한다. 신중한 사람은 허름한 옷으로 뛰어난 외모를 숨기면서 윗사람에게 없는 자기만의 장점을 잘 감출 줄 안다. 사람은 다른 이가 자기보다 운이 좋거나 나아가 인품이 뛰어난 것은 그나마 참아주지만, 지적인 면에서 뒤지는 것은 좋아하지 않는다.

한계 지점까지 치닫지 말라

　좋은 점이든 나쁜 점이든 감출 것은 감추어야 한다. 한 치도 숨김없이 다 보여주어서는 안 된다. 모든 것을 다 드러내는 순간, 가장 정당한 것도 부당한 걸로 취급받을 수 있다.

　오렌지를 끝까지 짜면 마지막에는 쓴맛만 남는다. 무언가를 즐길 때도 마찬가지로 절대 한계 지점까지 치달아서는 안 된다. 정신도 한계 지점까지 몰아가면 둔해지게 마련이다. 소젖을 짤 때도 너무 강하게 누르면 피가 쏟아지는 법이다.

위기에서 벗어나는 법을 익혀라

위기에서 벗어나는 법을 익혀라. 위기에 처했을 때 대담한 심장보다 더 든든한 동반자는 없다. 때로는 마음이 약해질 수도 있다. 그럴 때면 심장 옆의 기관들이 심장을 보조하도록 훈련하라.

방법에 통달한 자는 큰 수고를 들이지 않고 위기에서 벗어난다. 운명이 나를 극한으로 몰아붙여도 내 손에 쥔 무기까지 내주어서는 안 된다. 도리어 꾹 움켜쥐어야 한다. 무기를 내주고 나면 도저히 극복할 수 없을 불행이 덮치리니.

불행이 닥쳤음에도 속수무책인 자들이 있다. 그들은 불행을 감당할 능력조차 없기에 불행의 무게는 두 배로 무거울 것이다.

올바른 판단력을 지녀라

인생 대부분은 올바른 것을 선택할 줄 아느냐가 좌우한다. 올바른 선택을 하기 위해 우리는 고상한 취향과 정확한 판단력을 갖춰야 한다. 지식이나 이성 역시 올바른 선택을 위해 필요하지만 그것만으로는 충분치 않다. 그렇다면 아무것도 선택하지 않으면 어떨까? 그리하면 인생이 완전해지지 못한다. 올바른 선택을 하는 것, 그게 최선이다.

지식이 풍부하고, 재치가 있으며, 날카로운 오성을 지니고, 학식이 뛰어나며, 성격이 몹시 신중하더라도 어떤 상황에 처해 선택을 앞두자면 속수무책이 되는 자가 많다. 그들은 마치 오류를 범하기로 작정한 듯 끝내 최악의 것을 선택하기도 한다.

위대한 재능들 중에서도 올바른 것을 선택할 수 있는 재능이야말로 최상이다.

자신의 재능을 파악하라

우선 자신이 가지고 있는 최고의 능력, 최고의 재능을 파악해야 한다. 그다음, 그것을 계발하여 다른 이들을 도와야 한다.

누구나 어떤 일에 특별히 뛰어난 재주를 지니고 있다. 그 분야가 무엇인지를 파악하는 것이 관건이다. 누군가는 지성이 몹시 탁월하고 누군가는 용기가 두드러진다. 하지만 대부분의 사람이 타고난 재능을 혹사하곤 한다. 자신의 재능을 우월한 수준으로 발전시키는 것, 그게 중요하다.

최후의 비법은 나만의 것으로 두어라

　최후의 비법은 나만의 것으로 간직해야 한다. 그래야 남들보다 우월한 위치에 오를 수 있고, 거기서 미끄러지지 않을 수 있으며, 항상 거장의 입장에 설 수 있다.

　기술을 가르칠 때는 기술만 가르쳐야 한다. 지식의 원천을 내보이거나 지식을 전달하는 기술의 밑천까지 다 드러내서는 안 된다. 이를 통해 자신의 명성을 보전하고 남을 내 사람으로 묶어둘 수 있다.

　남에게 즐거움이나 가르침을 줄 때 지켜야 할 수칙 제1조는 상대방의 기대를 자극하고 그것을 완벽함으로 이어 가야 한다는 것이다. 매사에 여유분을 비축해야 한다는 것은 삶의 수칙이요, 승리의 비법이다. 높은 직책에 있을 때는 더더욱 이 규칙을 따라야 한다.

근면한 자, 재능 있는 자

노력은 명성을 얻기 위해 지불하는 대가이다. 대가를 치르지 않고 얻을 수 있는 것은 그 가치가 덜하다. 근면하지 않고 재능이 없다면 탁월한 인물이 될 수 없다. 이 둘을 잘 조합하면 최고의 수준에 오를 수 있다.

능력이 평범한데 부지런한 이는 총명하지만 게으른 자를 능가한다. 근면성이 부족한데도 고위직에 오른 자들이 간혹 있다. 그러나 재능이 없다고 괴로워하는 자들은 거의 없다. 즉, 재능이 그들의 우열을 가리는 척도가 아닌 것이다.

하위직에서 탁월한 능력자가 되기보다 고위직에서 평범한 자가 되겠다는 소망은 용납할 수 있다. 그러나 고위직에서도 충분히 탁월할 수 있는 자가 하위직의 평범함에 머물고자 하는 경우는 용납의 여지가 없다.

어느 자리에 있든 천성과 재능은 기본적으로 필요하다. 여기에 근면함이 더해지면 성공은 따놓은 당상이다.

동요하지 말라

동요하지 말라. 천성 때문이든 상황에 못 이겨서이든 모순된 행동을 해서는 안 된다. 신중한 사람은 매사에 완벽함을 기하며 일관된 태도를 보임으로써 현자라는 명망을 얻는다. 현자는 자기만의 굳건한 기준이 있기에 흔들리지 않는다. 단지 외부적 요인이나 타인의 이익을 고려해 변화의 기미를 내비칠 뿐이다.

현명함이라는 문제에서 본질적인 변화는 추한 행동이다. 어제는 흰색이었던 것이 오늘은 검은색이 되고, 어제는 '예'였던 것이 오늘은 '아니오'가 된다면 믿음을 줄 수 있겠는가. 이는 자신들의 신용과 명망을 떨어뜨리는 것이요, 다른 이들을 혼란스럽게 만드는 처신이다.

옆에 둘 사람을 잘 선택하라

　자신을 음지로 내몰 자들과 어울리지 말라. 위대할수록 더 많은 존경을 얻는 법. 너무 위대한 자 곁에 있으면 나는 주연을 보조하는 조연밖에 할 수 없다. 그러니 내 위에 어둠을 드리울 자들과 어울리지 말라. 나를 빛내주는 자들과 어울려라. 영리한 파불라도 못생긴 시녀들에게 허름한 옷을 입히는 방법을 써서 마르스* 앞에서 아름다움을 뽐냈다.

　하지만 주의하라. 보잘것없는 이와 어울리며 자기를 위험에 빠뜨리거나 자신의 평판이 떨어질 것을 무릅쓰면서까지 다른 사람의 명예를 높일 필요는 없다. 수련 중인 이라면 자기보다 뛰어난 인물과 어울려라. 이미 경지에 오른 이라면 평범한 사람들과 어울리는 것이 좋다.

* 마르스: 전쟁의 신 아레스를 이르는 로마 신화 이름.

034

자기 자신을 최대한 보호하라

　인생의 모든 행위는 자기를 얼마만큼 보호하느냐를 기본으로 삼아야 한다. 이런 신중한 태도는 모든 분야에서 필요하다.

　이성은 모든 분야에서 요구된다. 이성적으로 가장 적절하다고 판단되는 행위를 하려는 본능을 따르라. 이로써 늘 최선의 길을 선택하면 그것이 바로 자기를 보호하는 신중한 태도다.

적절하게 행동하라

적절하게 행동하는 법을 배워야 한다. 사람들에게 자기가 지닌 것 전부를 보여주어서는 안 된다. 또한 지금 당장 필요한 힘 이상을 소모할 필요도 없다. 지식이든 노동이든 딱 필요한 만큼만 쓰면 된다.

하나부터 열까지 전부 다 보여주어서는 안 된다. 그랬다가는 내일 날이 밝은 후 아무도 감탄하게 만들지 못할 것이다. 매일 조금씩 새로운 무언가를 보여주어라. 그러면 사람들의 기대감을 자극할 수 있을뿐더러 자신의 한계를 드러내지 않아도 된다.

자신의 의도를 잘 감추어라

자신이 의도하는 바를 암호로 기억하는 버릇을 들이라. 자신의 격한 감정을 잘 포장하는 기술이야말로 가장 실용적인 지식이다. 자신이 가진 패를 다 공개하는 것은 게임에 지려고 작정한 것과 다름없다. 신중한 사람은 감출 것은 감추면서 상대방의 집요한 공세를 잘 막아낸다.

남들이 자신의 취향을 알지 못하게 하라. 그러면 남들이 일부러 나의 비위를 거스르거나 아첨하는 상황을 피할 수 있다.

대자연의 가르침

한창 진행 중인 일에 대해 남에게 공개할 필요는 없다. 그것이 무엇이든 시작 시점에서는 보기 좋지 못하다. 어쩌다 본 완성되지 않은 흉물스런 모습은 절대 뇌리에서 잊히지 않는다. 불완전한 모습에 대한 기억은 일이 완성된 후 누릴 수 있는 즐거움을 망쳐버린다.

거창한 무언가를 마지막에 단 한 번 맛보게 하라. 굳이 진행 중인 세부 사항에 대해 그들이 판단을 내리도록 할 필요는 없다. 이러한 방법은 분명히 사람들의 입맛을 돋울 것이다.

무엇이든 완성되기 전까지는 아무것도 아니다. 이제 막 발을 뗀 것의 의미는 더더욱 하찮다. 그렇기에 위대한 장인들은 태동 단계의 작품을 절대적으로 사람들의 시선에 닿지 않게 한다. 대자연은 인간의 꼴을 갖추기 전까지는 자식에게 세상 빛을 보여주지 않는다. 위대한 장인이 대자연에서 배운 바를 우리 또한 배워야 한다.

038

결점이 드러나지 않게 하라

우둔한 행위를 하는 자보다 자신의 실수를 감출 줄 모르는 자가 어리석은 것이다. 자신의 취향을 드러내지 않는 것도 중요하지만, 그보다 더 중요한 건 결점을 잘 감추는 것이다.

누구든 잘못된 방향으로 발걸음을 내디딜 수 있다. 이때 현명한 이는 실수를 감출 줄 안다. 반면, 어리석은 자들은 그 실수를 누군가가 발견하기도 전에 스스로 떠벌린다.

행동을 드러내는 것보다는 감춤으로써 좋은 평판을 얻을 수 있다. 정숙하게 살지 못한다면 신중히라도 살아라. 친구에게 자신의 허물을 굳이 고백할 필요도 없다. 이러한 고백은 아주 예외적인 경우로만 제한하라. 할 수만 있다면 그냥 마음에 담아두는 것이 좋다. 이럴 때 쓸 수 있는 가장 좋은 인생의 규칙은 바로 망각이다.

망각의 기술

잊을 줄 아는 사람이 되어야 한다. 이 능력은 기술이라기보다는 행운이라 할 수 있다.

우리에게는 일반적으로 가장 잊어버려야 할 일을 가장 잘 기억하는 경향이 있다. 기억력은 단지 우리가 무언가를 절실히 필요로 할 때만 우리를 배반하는 게 아니다. 전혀 필요 없을 때 가장 잘 발휘된다는 것도 기억력이 지닌 특성이다.

기억력은 부끄러운 일에서 최고의 세밀함을 자랑하고, 자꾸만 떠올리고 싶은 일에서 최고의 나태함을 자랑한다.

타인의 취향을 간파하라

    타인의 취향을 간파하라. 그렇지 않으면 남들에게 즐거움이 아닌 짜증만 안겨줄 것이다. 어떤 이에게는 아첨이 될 만한 것이 어떤 이에게는 멸시가 된다. 그런가 하면 예의를 차리기 위해서 한 행동이 모욕을 불러오기도 한다. 기쁨을 안겨주기 위해 들인 수고가 불쾌감을 안겨주는 수고가 되어버리는 것이다.

    이처럼 타인의 취향을 알지 못하면 상대에게 만족을 주기란 어렵다. 칭찬이라고 한 것이 비난이 돼버리고 결국 원한을 불러일으키는 경우가 있다. 그런가 하면 나는 유쾌한 대화로 즐거운 분위기를 유도했다고 믿지만, 상대방은 내 수다 때문에 고문을 당했다고 생각하는 경우도 있다.

흠을 드러내지 말라

흠이 없다는 것은 완전한 인간의 필수 불가결한 전제조건이다. 신체적으로나 도덕적으로나 고민거리가 하나도 없는 이가 얼마나 될까. 차라리 그러한 고통을 쉽게 치유된다고 믿고 오히려 그 고통을 즐겨야 한다.

명성에 얼룩이 지면 금세 기분이 언짢아지고 자꾸만 그쪽에 신경이 간다. 이럴 때 가장 현명한 대처법이 있다. 바로 카이사르가 신체적 약점을 월계관으로 가린 것처럼 얼룩을 장신구로 보이게 만드는 것이다.

자기만족은 평판에 도움 되지 않는다

현재의 자신에게 만족하고 있음을 드러내지 말라. 그렇다고 불만족스럽다고 말할 필요도 없다. 자신의 현재 모습에 불만을 품는 것은 소심하다는 뜻이고, 만족한다는 것은 멍청하다는 뜻이기에 둘 중 어느 쪽도 바람직하지 않다.

현재 모습에 만족하는 것은 대개 무지에서 비롯된다. 자기만족에는 나름의 장점은 있으나 그것이 명성과 평판에는 도움 되지 않는다.

대중은 나 아닌 다른 사람이 무한히 완벽한 것을 참지 못한다. 그들은 자신들이 그저 보통보다 약간 뛰어난 재주를 지닌 사람인 것으로 충분하다고 여긴다.

그러니 어느 정도의 의심을 품게 만드는 것이 현명하다. 그래야 일이 난감하게 흘러가지 않는다. 혹시 일 처리가 미흡하더라도 어차피 기대하는 바가 없었기 때문에 실망감을 줄일 수 있다.

공허한 자기만족을 싹틔우고 꽃피우고 그 씨앗을

여기저기에 흩뿌리는가? 이는 개선의 여지조차 없는 멍청한 행위일 뿐이다.

043

진정한 예의, 거짓 예의

상대방이 보이는 예의에 경계를 풀어서는 안 된다. 그의 예의는 또 다른 기만행위에 불과하다.

테살리아 들판의 약초를 사용하지 않고도 마법을 부리는 자들이 있다. 그들은 모자를 벗어 경의를 표함으로써 상대를 자만심에 빠지게 한다. 또한 상대 비위를 맞추는 동시에 그들을 바보로 만들어버린다.

진정한 예의는 의무감에서 비롯된다. 아무짝에도 쓸모없는 거짓 예의는 사기에 불과하다. 그런 식의 예의는 겸손과는 무관하다. 상대방이 자기에게 의지하게끔 만드는 수단일 뿐이다.

중심을 잡고 임하라

무언가를 쉽게 믿지 말라. 무언가를 쉽게 좋아하지도 말라.

'정신이 얼마나 성숙한가'는 신뢰를 선물하는 속도 조절 능력으로 알 수 있다. 거짓이 만연한 세상이니, 믿는 것이 오히려 이상한 일이 되어야 마땅하다. 그러나 상대방의 말을 의심한다는 인상을 주어서는 안 된다. 상대방을 사기꾼 혹은 남의 말에 현혹당한 자로 여기는 것은 예의에 어긋날뿐더러 상대에게 모욕감을 줄 수 있다.

그런데 이보다 더 끔찍한 일이 있다. 바로 상대방을 믿지 못함으로써 자신이 거짓말쟁이가 될 수 있다는 것이다. 그렇게 되면 이중의 고통을 겪어야 한다. 믿을 사람이 없으니 한 번 괴롭고, 나를 믿어주는 사람이 없으니 두 번 괴롭다. 그러나 어쨌든 듣는 입장에서는 판단을 미루는 것이 현명한 처사이고, 말하는 입장에서는 자기를 믿어주는 사람을 찾는 것이 바람직하다.

상대를 쉽게 믿는 것만큼이나 사람을 좋아하는 것에서도 경계를 늦추지 말라. 거짓말과 더불어 거짓 행위도 존재한다는 점을 명심하라.

§

아름다운 시작보다
아름다운 끝을 선택하라.

§

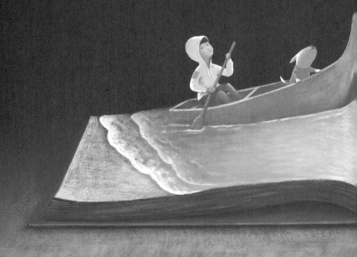

의무감을 부여하라

　상대방에게 의무감을 부여해야 한다. 우리는 있는 그대로의 모습은 멀리 밀어둔 채 의무감에 얽매인 방향으로 이야기하곤 한다. 그리고 우리가 지닌 대부분의 것, 그리고 최상의 것은 결국 남들의 의견에 의해 좌우되곤 한다.

　누군가에게 의무감을 부여하는 것은 큰 수고를 필요로 하지 않지만 많은 이익을 얻을 수 있는 장치다. 나아가 말로써 행동을 얻어낼 수도 있다. 이 세상 하고 많은 사람 중 일 년에 단 한 번도 내게 도움 되지 않을 만큼 무가치한 이는 없다. 아무리 하찮은 도구라도 내 손에 없으면 아쉽게 마련이다.

지성을 잃지 말라

스스로를 '바보병'에 가둔 채 살지 말라. 현명한 이들은 대개 지성을 상실함으로써 그 명성이 다하지만, 바보들은 지성과 맞닥뜨리는 순간 죽는다. 바보들은 너무 많이 생각하면 죽는 셈이다.

누군가는 생각하고 느끼기에 죽음을 맞이하고, 누군가는 생각도 감정도 없기에 삶을 누린다. 전자는 생각과 감정을 지닌 채 죽는 바보들이요 후자는 고통으로 죽음을 맞이하지 않는 바보들이다.

바보란 지식이 쌓이면 감당하지 못하고 죽어버리는 자를 이른다. 이 말이 맞다면 어떤 이들은 너무 똑똑해서 죽고, 어떤 이들은 똑똑하지 않아서 살아 있는 것이다. 그런데 그렇게 많은 이가 바보처럼 죽어가지만 진짜 바보들은 잘 죽지 않으니 참으로 신기할 따름이다.

자신을 소중히 여겨라

성가시게 구는 자가 되어서는 안 된다. 그래야 남들이 나를 피하지 않는다. 남들이 내 가치를 알아주기 바란다면 먼저 나 자신을 소중히 여겨야 한다. 또한 어딜 가든 마주치는 사람이 되기보단 되도록 대중 앞에 모습을 드러내지 않는 편이 낫다. 누군가가 나를 절실히 보고 싶어 할 때 비로소 그에게 다가가야 한다. 그래야 환영받을 수 있다.

초대받지 않은 자리에는 절대 참석하지 말라. 남들의 의사를 무시한 채 제멋대로 행동할 경우, 그 일이 잘못되면 모든 비난을 홀로 감당해야 한다. 혹시 일이 잘 풀리더라도 고맙다는 말을 듣기란 하늘의 별 따기처럼 어려운 노릇이다.

지나친 기대는 금물

무엇인가에 임할 때 지나친 기대를 품지 말라. 어떤 경우든 과장하면 불행을 초래한다. 마음속으로 상상하던 것들이 충족되지 않기 때문이다. 바라는 바에 상상력이 더해지면 늘 실체보다 더 큰 것을 그리게 마련인데, 아무리 탁월한 것이라도 마음속 기대를 충족시키기에는 불충분하다. 그러한 허황된 과장에 여러 번 속다 보면 경탄할 만한 탁월한 것들마저 오히려 환상을 깨뜨린다.

약간의 기대감을 주는 것은 상대방에게 호기심을 유발할 수 있고 스스로 부담을 느끼지 않아도 되니 좋다. 여기서 좀 더 나아가 상대방의 기대를 뛰어넘거나 기대보다 더 큰 걸 보여주는 것은 두말할 필요 없이 좋다. 그러나 악한 자들은 어떻게든 꼬투리를 잡으려고 기회를 엿본다. 그들은 기대감을 무너뜨리기를 좋아하고 혐오스러운 걸 참을 만한 것으로 보이게 만드는 재주를 지녔음을 경계하라.

기회를 잘 포착하라

기회를 잘 포착하라. 늘 상황에 맞춰 적절하게 행동하고 적절하게 사고해야 한다. 또한 어떤 일을 해낼 능력이 충만한 시기를 놓쳐서는 안 된다.

시간과 기회는 사람을 기다려주지 않는다. 미리 세운 계획도 시간과 상황에 따라 변경해야 할 수 있다. 어떤 계획을 세워놓았다고 그 계획을 끝내 고집해서는 안 된다.

한편, 특정한 조건들이 행동 의지에 제약을 가하게 해서도 안 된다. 오늘 사양했던 물을 내일 마셔야 하는 상황이 올 수도 있기 때문이다.

과장하지 말라

절대 과장하지 말라. 비교 대상이 되는 것의 정도를 최상급으로 이야기하는 버릇을 버릴 필요가 있다. 그로써 진실에 바짝 다가가지 않을 수 있고, 우리의 지성을 깎아내리지 않아도 된다.

물건에 대한 정도를 넘어선 칭찬은 일순 활발한 호기심을 일깨우고 소유욕을 자극한다. 그러나 시간이 지나 그 물건의 가치가 그 가격에 합당하지 않다는 사실이 드러나면 실망한 이들은 사기꾼에게 등을 돌린다. 실망한 사람들은 그 물건과 이를 칭찬한 자를 과소평가함으로써 보복한다.

과장은 거짓말과 사촌지간이다. 어떤 것에 대해 과장하다가는 훌륭한 취향을 지녔다는 값진 평판을 잃게 마련이다. 더 나아가 지성인이라는 더 값진 평판도 잃고 만다.

진실된 정보를 차지하라

정보를 수집할 때는 그것의 사실 여부에 주의해야 한다. 인간은 정보에 의해 살아간다. 따라서 보는 것에는 신뢰와 믿음이 전제되어야 한다.

귀는 진실의 쪽문이요, 거짓의 현관이다. 진실은 아주 예외적인 경우를 빼고는 귀가 아니라 눈을 통해 접한다. 물론 전혀 왜곡되지 않은 순수한 진실이 우리에게 전달되는 경우는 흔치 않다. 먼 데서 오는 진실일수록 왜곡 없이 전달될 가능성은 더더욱 희박하다. 먼 곳의 진실은 전달 과정에서 온갖 감정이 뒤섞이게 마련이다. 격한 감정의 영향권 안에서는 모든 것이 그 감정의 색에 물들고 만다.

격한 열정은 늘 특정한 인상을 심어주려 한다. 따라서 어떤 대상을 비방하는 자를 대할 때는 그보다 더 큰 주의를 기울여야 한다.

정보를 전달받을 때는 세심한 주의를 기울여야 정보를 전달하는 사람의 의도를 파악할 수 있다. 정보 전달자가 어느 발로 땅을 짚으며 전진하는지 알아야 정보의 진실 여부를 가릴 수 있다.

참을성을 길러라

매사에 기다릴 줄 알아야 한다. 급히 서두르지 않고, 감정적으로 행동하지 않을 만큼의 참을성을 지녔다는 것은 위대한 정신의 소유자라는 증거다. 먼저 자기 자신을 지배해야 타인도 지배할 수 있다. 여유를 지니고 느긋하게 걸어라. 이로써 기회의 정점에 다다를 수 있다.

펠리페 2세*는 이렇게 말했다.

"나에게 시간을 더하면 두 사람과 맞설 수 있다."

* 펠리페 2세: 에스파냐의 왕이자 포르투갈의 왕으로, 에스파냐의 황금시대라 불리는 최전성기를 이끌었다.

교활함을 역이용하라

교활함을 역이용하라. 단, 이를 악용해서는 안 된다. 남의 교활함에 빠지지 않도록 주의하라. 또한 자신의 교활함을 남들이 알게 해서는 더더욱 안 된다.

모든 위장술의 진가는 잘 감출 때 발휘된다. 어설프게 감추어서는 도리어 의심을 살 뿐이다. 예방 차원에서 어떤 조치를 단행할 때라면 더욱 잘 감춰야 한다. 그렇지 않으면 미움만 돌아오기 때문이다.

세상에는 사기가 만연해 있다. 그러니 두 배로 더 의심하는 것은 과하지 않다. 하지만 그 의심이 티가 나지 않게 하라. 의심을 들키면 상대에게서 불신을 사는 것은 당연지사다. 또한 남에게 상처를 입히며, 복수심을 일깨우고, 지금까지 그 누구도 상상하지 못했던 악감정을 일으킬 수 있다.

자발적으로 변명하지 말라

해명을 요구하지 않는 자에게는 변명할 필요가 없다. 남이 요구하지 않았는데도 자발적으로 사과를 한다면, 이는 잠자고 있던 불신을 깨우는 것에 다름 아니다. 현명한 이들은 상대방이 자신에 대해 의심의 눈초리를 보내고 있다는 것조차 모르는 척한다. 아예 모욕당할 소지를 없애는 것이다. 현명한 이들은 상대방의 의심을 올바른 행동으로 잠재운다.

적을 이용하라

적을 이용하라. 어떤 것이든 꽉 붙들어 휘두를 줄 알아야 한다. 물론 자기 손을 다칠지도 모를 칼날을 쥐어서는 안 된다. 자기를 보호해줄 칼자루를 쥐어야 한다. 이는 적과 대면한 상황에서 좀 더 잘 적용해야 할 규칙이다.

현명한 이들은 우둔한 자가 친구들에게서 얻는 도움보다 더 큰 도움을 적들에게서 얻는다. 자신을 향한 적들의 원한을 동력으로 삼아 오히려 수많은 난관을 뛰어넘는다. 그들의 원한이 아니었다면 그 난관들을 뛰어넘을 생각조차 하지 않았을지도 모른다.

아첨은 증오보다 더 위험하다. 내가 꼭 떨쳐버려야 할 흠집들이 아첨에 가려지기 때문이다.

현명한 이들은 비판을 거울로 삼는다. 때때로 적의 비판은 친구의 칭찬보다 더 믿을 만하기 때문이다. 자신의 실수에 대한 적의 비판을 겸허하게 받아들임으로써 개선을 꾀하라.

자기 자신에게 관대히 굴지 말라

자신의 말에 너무 관대하게 굴지 말라. 자신의 말에 너무 귀 기울이지도 말라. 남들에게 미움받으면서 자기 혼자 만족하는 것이 무슨 소용이겠는가. 자기만족이 너무 큰 사람들은 남들을 만족시키지 못한다. 스스로 말하는 동시에 자기 말을 듣기란 거의 불가능한 노릇이다. 혼잣말은 멍청한 짓이요, 남들 앞에서도 자기 목소리만 들으려 하는 것은 두 배로 멍청한 짓이다.

반발심을 품지 말라

　반발심을 품지 말라. 이는 멍청한 노릇이요 혐오를 부르는 짓이다. 자신의 현명함을 동원해 모순에서 탈 피하라. 모든 일에서 흠집을 찾아내는 습관이 관찰력 을 날카롭게 단련시킬 수는 있으나 단순히 고집만 피 우면 무지하다는 비난에 직면할 것이다. 고집불통인 자들은 온화하고 즐거운 일도 작은 전쟁으로 돌변시 킬뿐더러 친구들의 친구가 아닌 적이 되어버린다.

불행을 함께 감당할 사람

불행을 함께 감당해줄 사람을 찾아라. 그런 이를 찾으면 위험을 홀로 감당하지 않아도 되고 증오를 한 몸에 받지 않아도 된다. 고위직에 있는 자들은 그 영광을 홀로 차지하였으니 대중의 불만 역시 홀로 감당해야 한다고 말하는 이들이 있다. 그러나 현명한 이든 무지한 대중이든 영광과 불만, 두 가지를 모두 감당하려는 이는 없다.

똑똑한 의사는 환자를 치유하는 데 실패할지라도 자문을 맡아줄 친구, 나아가 관을 밖으로 지고 갈 친구를 늘 곁에 두는 데는 절대 실패하지 않는다.

합리적으로 관찰하라

　나 자신과 자신이 하는 일을 합리적으로 관찰할 줄 알아야 한다. 삶에 눈떴을 때부터 그리하라.

　누구나 자기가 잘난 줄 착각에 빠져 산다. 그럴 근거가 전혀 없는 사람일수록 자신을 더 높이 산다. 모두가 자기는 반드시 행복하게 될 거라고 믿으며 자기야말로 최고의 기적이라고 생각한다. 그런 착각은 고통의 원천이다. 언젠가는 거짓 없는 진실이 환상을 깨뜨리기 때문이다.

　현명한 이는 그러한 과오를 미리 꿰뚫는다. 현명한 이 역시 최선의 것을 바란다. 그러나 그와 동시에 최악의 경우를 각오한다. 그래야 자기 앞에 닥치는 일을 담담하게 받아들일 수 있기 때문이다.

　과녁을 적중시키기 위해 활을 조금 치켜드는 것은 괜찮지만, 화살이 과녁과 상관없는 엉뚱한 곳으로 날아갈 정도로 높이 치켜들어서는 안 된다.

　어리석음을 치유하는 가장 좋은 약은 바르게 아는

것이다. 자신의 능력과 지위가 어디까지인지를 알아
야 한다. 그러면 현실감각을 갖출 수 있을 것이다.

사소한 악을 경계하라

행복한 자와 불행한 자를 구별할 줄 알아야 한다. 행복한 자들은 가까이하고, 불행한 자들은 멀리해야 한다. 대부분의 불행은 어리석음에 대한 처벌이다. 이러한 어리석음만큼 잘 전염되는 질병도 없다.

사소한 악에 대해서도 절대 경계를 늦추어서는 안된다. 사소한 악을 뒤따라 훨씬 더 많은, 훨씬 더 나쁜 종류의 악이 기어들 것이기 때문이다.

상상력에 날개를 달아라

상상력을 조절할 줄 알아야 한다. 때로는 생각이 흐르는 방향을 올바르게 교정해주고, 때로는 생각에 날개를 달아주어야 한다. 상상력이야말로 우리의 행복을 좌우하기 때문이다.

상상력은 우리의 이성을 조절하기도 한다. 때로는 폭력을 유발하기도 하고, 때로는 여유롭게 관찰하는 데 그치지 않고 직접 행동하게도 한다. 때로는 어떤 어리석음과 대면하느냐에 따라 인생을 환희 혹은 비애로 가득 채움으로써 우리의 존재 자체를 뒤흔들기도 한다. 상상력은 자기만족감을 주기도 하고 불만을 품게도 하며, 심지어 지속적인 고통을 안겨주기도 한다.

어리석은 자들이 스스로 만들어낸 상상력은 때때로 누군가에게는 사형집행관이 되기도 하고, 누군가에게는 현기증 속에서 축복과 행복을 느끼게도 한다.

자기감정을 조절하라

성을 내기 전에 이성적으로 한 번 더 생각하는 습관을 들여라. 합리적인 이성을 지녔다면 그리 어려운 일이 아닐 것이다.

반드시 화를 내야 할 상황이라면 우선 내가 화난 상태임을 상대방에게 똑똑히 알려줘야 한다. 그렇게 함으로써 자기감정을 조절할 수 있다. 이제 어느 수준까지 화를 낼지를 결정하라. 일단 판단이 섰으면 그 선을 넘어서는 안 된다. 분노를 폭발시킬 때도 누그러뜨릴 때도 이처럼 현명하게 행동해야 한다.

나아가 적당한 시기에 그만둘 줄 알아야 한다. 달리기에서 가장 어려운 일은 멈추는 것이다. 우리가 지성인임을 증명할 가장 큰 증거는 격해진 감정을 현명하게 조절하는 능력이다. 과다한 감정 표현은 이성에 어긋나는 행위일 뿐이다.

신중하게 대응하라

영광스러운 장점에 배치되는 평형추를 지니지 않은 자는 아무도 없다. 거기에 강한 욕구가 더해지면 그 힘은 폭발적 위력을 지닌다. 거기에 맞서 싸우려면 신중에 신중을 기해야 한다. 그러기 위한 첫 단계가 바로 자신의 중대 결점들을 파악하는 것이다. 자기를 지배하려면 먼저 자기 자신에 대해 철저히 알고 있어야 한다. 불완전함을 유발하는 선봉장만 제압하면 나머지 것들은 모두 순종하게 되어 있다.

철저함과 깊이

매사에 철저하라. 매사에 깊이 있게 대하라. 철저하고 깊이 있게 대하면 명예로울 수 있다.

외면보다는 내면을 중시해야 한다. 그런데 정면은 그럴듯하나 보이지 않는 곳은 짓다 만 집처럼 어수선한 자들이 있다. 그 집의 입구는 궁전 같으나 거실은 헛간에 다름 아니다. 그런 자들과 오래 어울릴 이유가 있으랴. 잠시만 함께해도 지루하기 짝이 없다. 그들은 본색을 감춘 채 무척 예의 바른 척하고 시칠리아의 종마 같은 호탕함을 보이겠지만 금세 입을 다물 수밖에 없다. 생각의 강이 깊지 않으니, 할 말이 이내 고갈되는 것이다.

상처를 감추어라

상대에게 상처 난 손가락을 보여주지 말라. 그 상처가 드러난 순간, 모두 동정하기는커녕 그곳만 공격해 댈 것이다. 악한 자들은 상대방의 약점만 공략한다. 그러니 자신의 약점을 드러내고 불평해봤자 도움 될 일은 하나도 없다. 차라리 분위기를 즐겁게 띄우라. 그편이 더 유익하다.

악의를 품은 자들은 늘 내 주변을 맴돌며 약점을 찾으려 한다. 그들은 내 상처 입은 부위를 찾아낼 수만 있다면 천 번의 수고도 마다하지 않을 것이다. 이를 알기에 신중한 사람은 자기가 다쳤다는 사실을 절대 남들에게 알리지 않으며 후천적 혹은 천부적 약점 또한 절대 공개하지 않는다.

운명조차도 내 가장 아픈 곳을 찌르는 데 재미를 느끼는 것일까. 운명의 철퇴도 늘 상처 부위만 내리친다. 그러니 고통이나 기쁨의 원천이 어디에 있는지 절대 알려선 안 된다. 그래야 상대는 나를 공격하기를 일찌

감치 멈출 것이다. 설령 포기하지 않는 자들이 있더라
도 결국 그들은 궁금증으로 고통받을 것이다.

불평하지 말라

불평꾼이 되어서는 안 된다. 늘 우울해하고 짜증 부리는 이들이 있다. 모든 것을 범죄로 낙인찍는 부류가 있다. 그들은 저주를 입에 달고 살며, 지나간 일이 잘 풀리지 않았듯 앞으로 다가올 일도 잘 풀릴 리 없다고 확신한다. 이러한 성향은 천성이 졸렬한 데다 심사가 뒤틀렸기에 형성된다. 그들은 티끌이 눈에 들어가면 대들보가 자기 눈을 쑤신다고 난리를 친다. 여기에 격한 감정까지 더해지면 그들의 행동은 그야말로 극단으로 치닫는다.

고귀한 정신의 소유자를 보라. 그들은 일이 실패로 돌아간 원인을 직시한다. 혹시 그 이유를 찾지 못하더라도 그들은 불평하지 않고 이를 가볍게 무시해버린다.

오명에 주의하라

추문에 노출되어서는 안 된다. 대중은 수많은 머리로 구성된다. 거기에는 악의에 찬 눈들과 중상모략을 하기 위한 입들이 딸려 있다. 그러니 대중 사이에 단 한 점의 추문이라도 퍼진다면 명예에 심각한 타격을 입을 것이 자명하다. 더욱이 추문에 따른 별명이 지어져 퍼지면 명예는 매장당한 것이나 다름없다.

추문은 대개 도드라져 보이는 어떤 결점 혹은 터무니없는 실수 등으로 태어나 사람들의 입방아에 오르내린다. 그러나 누군가가 적의를 품고 악의적으로 비방함으로써 퍼지는 경우도 있다. 호사가들은 대놓고 뻔뻔스러운 비방을 일삼기보다는 우스갯소리를 툭 던짐으로써 상대방의 명예를 실추시킨다. 대중은 원래 나쁜 말에 더 혹하고 더 잘 믿기에, 명예를 잃는 것은 찰나요 오명을 씻어내기란 무척 어렵다. 먹잇감을 찾으려고 눈에 불을 켠 뻔뻔스러운 대중을 주의하라. 사전 예방이 사후 조치보다는 쉬운 법이다.

말을 조심하라

입 밖으로 내뱉는 말을 조심하라. 상대가 경쟁자일 때는 신중해야 하기에 말을 조심해야 한다. 상대가 지인이요 지지자일 경우에는 품위 유지 차원에서 말을 조심하는 것이 좋다. 못다 한 말을 내뱉을 시간은 얼마든지 있지만 이미 내뱉은 말을 주워 담을 시간은 절대 주어지지 않는다. 그러니 말할 때는 유언을 남기듯 해야 한다.

말수가 적을수록 분쟁의 소지도 줄어드는 법. 은밀한 침묵 속에는 신의 위력이 숨어 있다. 경솔하게 말을 내뱉은 자는 얼마 지나지 않아 상대방에게 제압당하거나 제명당하고 만다.

비밀은 듣지도 털어놓지도 말라

나보다 뛰어난 자의 비밀을 알려고 들지 말라. 나보다 뛰어난 이가 나의 결점을 떠올리게 한다며 거울을 깨뜨리는 것은 얼마나 어리석은 행위인가.

우리는 우리의 과거 모습을 기억하는 자를 달가워하지 않는다. 우리의 단점을 간파한 이라면 더더욱 상대하기 싫다. 그러나 그런 이들 중 우리에게 빚진 이가 얼마나 될까. 우리보다 뛰어난 인물이 우리에게 빚질 일은 거의 없다. 그들은 우리에게 베푸는 것보다 우리에게서 얻는 것이 더 많지 않기에 우리를 상대로 의무감을 느끼지도 않는다.

친구 사이에 비밀을 털어놓는 일도 위험하기 짝이 없다. 남에게 비밀을 털어놓지 말라. 그러면 그 사람에게 끌려다닐 수밖에 없다. 그러니 자신의 비밀은 잘 감추어야 한다. 남의 비밀을 듣지도 말고, 나의 비밀을 털어놓지도 말라.

좋은 친구를 두어라

친구를 이용하는 현명함을 익혀야 한다. 현명한 이는 친구를 잘 쓰는 기술을 지니고 있다.

어떤 친구들은 나와 멀리 떨어져 있고, 어떤 친구들은 지척에 있다. 말주변을 지닌 친구가 있는가 하면 글재주를 지닌 친구도 있다. 가까이에 있다면 두고 보지 못할 실수도 멀리 떨어져 있을 때는 용서되기 때문에 당연히 그렇게 보이는 것이다.

단순히 같이 웃고 떠들기 위해 친구를 사귀고 만나는가? 친구를 이용할 줄도 알아야 한다.

친구가 되려면 세 가지 특성을 지녀야 한다. 어떤 이들은 선한 자들에게서 나타나는 특징들이라 하고 어떤 이들은 모든 존재에게서 나타나는 특징들이라고 하는 것인데 하나가 됨, 참됨, 선함이 바로 그것이다*.

이렇듯 친구는 모든 것을 지닌 존재다. 그러나 좋은 친구의 자질을 지닌 이가 얼마나 될까. 게다가 그런 친구를 고를 자질을 갖추지 못했다면 좋은 친구를 가질 확률은 그만큼 더 줄어든다.

　좋은 친구와의 우정은 돈독한 관계를 만드는 것보다 유지하는 것이 더 중요하다. 오랫동안 우정을 나눌 친구를 선택하라. 처음에 생소한 느낌이 들더라도 불안해하지 말라. 해가 거듭되면서 우정은 무르익게 마련이다.

　소금을 많이 지닌 이가 가장 좋은 친구다. 그 친구를 얻기 위해서 됫박 여러 개를 동원해야 하더라도 아깝지가 않다.

　친구가 없어 고독한 것보다 더 슬픈 일은 없다. 우정은 좋은 것을 두 배로 불리고 나쁜 것을 반으로 나눈다. 우정은 불행에 대비하는 가장 좋은 수단이자 영혼을 자유로이 숨 쉬게 해주는 환기구이다.

* 스콜라철학의 명제 중 하나인 '모든 존재는 하나요, 참되며, 선하다'에서 비롯된 말.

거리를 두는 우정

    중심을 잡으라. 완전히 다른 사람의 것이 되어서는
안 된다. 누군가를 완전히 내 사람으로 만들지도 말라.
친척도, 친구도, 혹은 아무리 사정이 급한 자도 완전히
내 사람이 되지는 않는다.

    누군가에게 자신의 믿음 전부를 선물하는 것과 그
사람을 그저 좋아하는 것은 전혀 다른 문제다. 아무리
가까운 사이라도 예외적으로 거리를 두어야 할 때가
있다. 그렇다고 해서 우정에 금이 가지는 않는다. 친구
도 내게 비밀을 전부 털어놓지 않을 것이다. 때로는 아
들도 아버지에게 숨기는 게 있지 않던가.

    내게 말할 수 있는 것은 다른 사람에게도 말할 수 있
다. 남들에게 털어놓지 못하는 것을 내게는 털어놓기
도 한다. 결국 우리는 모든 것을 털어놓고 모든 것을
듣게 되어 있다. 다만 내가 비밀을 털어놓는 상대와
내게 비밀을 털어놓는 사람이 동일하지 않을 뿐이다.

남들과 어울리는 법을 익혀라

남들과 어울리는 법을 익혀 위대한 인물로 나아가라. 사람들 사이에서 미덕과 취향의 교류가 일어나기에 대인관계의 위력은 실로 어마어마하다. 사람들과 어울리는 중 어느새 기질이나 사상이 변하기도 한다. 따라서 다혈질인 사람은 자극에 반응이 둔하고 의지가 굳은 기질의 사람을 찾아 어울리는 것이 좋다.

자신과 다른 기질의 사람들과 어울리면 억지로 애쓰지 않아도 분위기가 자연스럽게 누그러진다. 상반되는 것들의 상호작용으로 세상이 아름답게 유지된다. 이러한 체질적 조화는 도덕적인 면에서 더 큰 조화를 이뤄내기도 한다.

친구를 사귈 때나 사람을 부릴 때, 이런 점을 고려하여 현명하게 사람을 고르라. 모순되는 두 가지가 합해질 때 매우 현명한 중용의 길이 도출된다.

073

나쁜 소식이라면 듣지도 전하지도 말라

근심과 짜증의 근원을 없앨 수 있다면 칭찬받아 마땅하고 지혜로움을 인정받을 수 있다. 다른 이에게 나쁜 소식을 전달해서는 안 되며, 나쁜 소식을 들을 이유 역시 없다. 들어서 도움 될 게 없는 나쁜 소식이라면 듣지도 전하지도 말라. 누군가는 듣기 좋은 달콤한 소식에만 귀를 기울이고, 누군가는 추잡하고 씁쓸한 험담에만 귀를 기울인다. 독이 없으면 해독제도 필요하지 않은 법. 그런데 하루에 한 번은 화를 내야 살아갈 수 있는 이들이 있게 마련이다.

다른 이에게 순간적 쾌락을 주기 위해 내 평생에 짐이 될 일을 하는 것은 삶을 대하는 바람직한 태도가 아니다. 그가 아무리 나와 가까운 사람일지라도 이는 마찬가지다. 말로만 충고하고 정작 실천할 때가 되어서는 쏙 빠져나갈 자의 마음에 들기 위해 자신의 안위를 희생해서는 안 된다. 또한 다른 이를 조금 기쁘게 할 수 있으나 스스로에게는 고통 되는 일이라면, 지금 상대방을 외면하는 편이 나중에 나 홀로 괴로워하는 것보다 훨씬 낫다.

험담을 자제하라

　시도 때도 없이 누군가를 헐뜯지 말라. 사람들에게
자신이 험담가라는 인상을 심어줘서는 안 된다. 남을
깎아내리기 급급한 자라는 평가만 들을 것이기 때문
이다.

　누군가를 희생양 삼아 사람들의 웃음을 쉽게 얻어
낼 수는 있다. 그러나 웃음과 동시에 증오가 따를 것
이므로 이는 바람직한 방법이 아니다. 그 자리에 있던
희생양은 분명 어딘가에서 내 험담을 함으로써 복수
할 것이다.

　내가 험담을 늘어놓을 때 그것을 듣는 사람은 여러
명이고 나는 단 한 명이다. 따라서 그들이 내 말에 탄
복하고 인정할 확률보다는 도리어 그들이 나를 정복
하고 깔아뭉갤 확률이 더 크다.

　나쁜 일에 기뻐하지 말고, 그 일을 내 말의 주제로
도 삼지 말라. 중상모략을 하는 자는 늘 미움의 대상
이 된다. 내 험담의 대상이 뛰어난 인물일 경우 나는

더 큰 웃음거리가 되고 만다. 그는 내 말에 코웃음을
칠 것이고 내 총명함은 바닥에 내팽개쳐질 것이다. 남
의 말을 나쁘게 하면 더 큰 험담이 내게 돌아온다는 사
실을 명심하라.

과장하거나 허풍을 떨지 말라

　어리석은 괴짜는 되지 말라. 허세를 부리거나 자만하거나 고집을 부리지 말라. 변덕을 부리지 말라. 과장하거나 허풍을 떨지 말라. 캐묻기, 비꼬기를 좋아해서는 안 된다. 파벌 나누기를 하지 말 것이며 편견을 지니지 말라. 이것이 어리석은 괴짜가 되지 않는 방법이다.

　정도를 넘어서지 말라. 정신적 돌연변이는 신체적 돌연변이보다 더 추악한 법. 한 차원 높은 아름다움에 위배되는 우를 범하지 말라. 그러한 치명적 결함을 지닌 자를 대체 누가 도우려고 하겠는가? 스스로 자제하지도 못하는 상황이기에 그들은 정작 도움을 주어도 그것을 받을 생각조차 하지 못한다. 그들은 예리하고도 진정한 충고를 멀리한 채 자신들의 착각 속 박수갈채에 더 귀 기울인다.

오늘의 친구가 내일의 적이 될 수 있다

온전히 사랑하지도, 온전히 증오하지도 말라.

오늘의 친구가 내일의 적, 그것도 숙적이 될 수 있음을 명심하라. 딱 그만큼의 신뢰만 주어야 한다.

실제로 이런 일이 얼마나 빈번하게 일어나던가. 그러나 그 일을 내 머릿속에서만 대비하는 것이 현명한 처사다.

우정의 진영을 탈영할 수 있는 친구에게 무기를 쥐어주지 말라. 나중에 그 친구와 피비린내 진동하는 전쟁을 치러야 할지 모르니.

한편, 적을 향해서는 타협의 문을 조금 열어두라. 이때 그 문은 안전을 위한 문이 아니라 아량을 위한 문이 되어야 한다.

적들 중에는 예전의 원한을 지금의 고통으로 느끼는 이들도 있다. 그들은 과거 원한을 갚는 데서 느꼈던 짜릿함을 지금 또 누리고자 하나, 그것은 어느새 비탄으로 변질되었음이다.

불공평한 싸움에 휘말리지 말라

잃을 것이 없는 자와의 다툼에 휘말려서는 안 된다. 상대방은 모든 것을 내려놓은 채 싸움에 임하므로 불공평한 싸움이 될 수밖에 없다. 그는 수치심을 비롯해 잃을 수 있는 것은 이미 다 잃었다. 더 이상 잃을 것이 없기에 어떤 비겁한 행위도 꺼리지 않는다. 우리의 소중한 명예를 그런 얼토당토않은 위험에 노출시켜서는 안 된다. 몇 해에 걸쳐 쌓은 공든 탑이 한순간에 무너질 수 있다.

우리는 책임감과 명예심을 지녔기에 우리가 입을 엄청난 손실을 염두에 두어야 한다. 먼저 자기 자신의 명예에 대해, 이어 상대방의 명예에 대해 생각하라. 신중히 결정한 다음 싸움에 임하고 적절한 때 퇴각하여 명예를 보전할 여지를 남겨두라.

끔찍한 일에 휘말려 한 번 명예를 잃어버리면 나중에 아무리 마무리를 잘해도 잃어버린 명예는 돌아오지 않는다.

마무리를 잘하라

　일에 임하였다면 끝까지 처리하여 성공으로 이끌어야 한다. 시작부터 힘을 다 써버려 아무것도 마무리하지 못해서는 안 된다. 비록 대단한 아이디어를 떠올렸더라도 일을 끝까지 해내는 뚝심이 없다면 이는 의지박약이다. 의지박약은 대개 조급함에서 비롯된다.

　에스파냐인의 단점은 조급함이고, 벨기에인의 장점은 끈기이다. 에스파냐인들은 일을 하다가 지쳐 중도에 멈춰버리지만, 벨기에인들은 지쳐 쓰러질 때까지 일을 해 끝장을 보고야 만다.

　에스파냐인들은 난관을 극복하고자 비지땀을 흘리지만 어느 정도의 선에 이르면 승리에 안주해버려 일을 마무리하지 못한다. 그들은 자신들에게 일을 해낼 능력이 있음을 어필하지만 의지가 결여된 탓에 일을 확실히 마무리하지 못하는 것이다. 일을 흐지부지 끝내는 것은 곧 일을 마무리하는 능력이 없다는 방증이다. 이는 몹시 경솔한 처사이다.

지혜에서 비롯된 행동을 하라

인생에서 고집이 도움 되는 경우는 거의 없다. 따라서 고집에서 비롯된 행동은 절대로 삼가야 한다.

모든 종류의 고집은 정신이 기형적으로 표출되는 것이요, 일을 절대 올바른 방향으로 끌어간 적이 없는 감정의 소산이다.

매사를 작은 전쟁으로 돌변시키는 자들이 있다. 그들은 사교계의 진정한 무법자들이다. 그들은 늘 승리를 바랄 뿐 평화적 해결 방법에 대해서는 관심이 없다.

그들이 통치자나 지배자가 되면 멸망은 예고된 것이나 다름없다. 당파 싸움을 일삼는가 하면 자식처럼 여겨야 할 사람들을 적으로 간주하기 때문이다.

그러나 그들의 은밀한 뒤틀린 심사가 노출되면 모두 반기를 든다. 결국 그들의 터무니없는 계획은 사람들에 의해 무너지고 아무것도 얻지 못한 채 끝나고 만다.

그들의 머리는 우둔하고 가슴은 옹졸하다. 이런 무리한들은 피하는 게 상책이다. 반대편 끝까지 가는 한이 있더라도 그들을 멀리해야 한다.

지혜에서 비롯된 행동을 하라.

다투지 말라

평화롭게 오래 사는 것이야말로 내가 살고 남이 사는 길이다.

평화주의자들은 의미 없이 살지 않는다. 그들은 스스로를 지배하며 산다.

무언가를 듣고, 보고, 침묵하라. 다툼 없이 지나간 날에는 잠도 잘 온다. 유쾌하게 오래 사는 건 두 번 사는 것과 같은데, 이는 평화의 열매다.

별로 중요하지 않은 일에 관심을 끊으라. 이로써 모든 것을 얻을 수 있다. 보고 듣는 모든 걸 가슴에 담아 두는 것보다 어리석은 짓은 없다.

081

고집을 피우지 말라

　적이 더 나은 쪽을 차지했다고 해서 공연한 고집을 피울 필요는 없다. 그런 고집은 더 나쁜 결과를 만들어 내는 것과 다름없다. 나보다 앞서 더 나은 편을 선택한 적이 총명한 것이니, 적에 대한 공연한 반발심에서 더 나쁜 쪽을 선택하는 멍청한 짓을 저질러서는 안 된다.

　이럴 때 고집 센 자들은 괜한 반발심으로 진실을 거부하고 자신에게 도움 될 일에 딴죽을 걸곤 한다. 실로 어리석은 일이다.

　현명한 이는 절대 감정에 휘둘리지 않는다. 현명한 이는 자신에게 언제 선택의 기회가 주어지든 개의치 않는다. 그저 늘 더 나은 것을 염두에 두고 올바른 편에 설 뿐이다. 이때 적이 멍청하다면 가려던 길의 방향을 꺾어 더 나쁜 쪽을 선택함으로써 내가 범할 뻔했던 우를 범할 것이다. 즉, 적을 더 나은 길에 들어서지 못하게 하는 유일한 방법은 바로 내가 올바른 길로 들어서는 것이다. 내가 동요하는 모습을 보이지 않으면 적은 아마도 멍청한 실수를 저지를 것이다. 더 나은 길을 저버릴 것이며, 고집을 부려 상대방을 멀리하려 할 것이다.

§

적을 더 나은 길에 들어서지 못하게 하는
유일한 방법은 바로
내가 올바른 길로 들어서는 것이다.

§

082

지혜로운 이가 되기 위한 조건

모든 것이 정점에 달한 시대이다. 특히 스스로의 능력을 인정받는 부분은 그야말로 최고점에 이르렀다. 과거에는 일곱 가지를 갖추면 지혜롭다고 인정받았지만 지금은 어림도 없는 일이다. 더 많은 것을 갖추어야 한다. 과거에 한 나라의 백성 전체를 만족시켜야 했을 때보다 오늘날 단 한 사람을 만족시키려 할 때 오히려 더 많은 것이 요구된다.

명예를 지켜라

　백 번 명중시키는 것보다 한 번 빗맞히지 않는 것이 더 중요하다. 태양이 빛날 때는 누구도 태양을 바라보지 못한다. 달이 태양을 가리고 나서야 비로소 모두가 눈길을 마주할 수 있다.

　내가 실패하면 모두 입방아를 찧기 바쁘다. 실패에 대한 그들의 비방은 실추된 명예를 확인시켜준다. 이는 성공이 내 명성을 만방에 떨치는 것보다 그 파장이 더 크다. 죽은 뒤에야 세상에 이름을 남기는 이들이 있다. 그러나 위대한 인물의 업적을 전부 모아도 그 사람의 유일한 흠을 가리기란 역부족이다.

기대감을 심어주되
완전히 충족시켜주지는 말라

　남들이 나에게 의존하도록 이끌어야 한다. 우상을 만드는 것은 숭배자들이다. 영리한 사람은 숭배자들이 자신에게 감사의 마음을 갖도록 만들기보다 자신을 필요로 하도록 만드는 데 더 집중한다.

　숭배를 받는 사람은 희망이라는 끈으로 대중을 이끌고, 평범한 사람은 감사하는 마음에만 기대려고 한다. 후자는 금세 망각되나 전자는 오랫동안 기억된다. 의무감 때문에 내게 예의를 차리는 자는 자신의 일부만 내어준다. 그러나 내게 의존하는 자는 가진 것보다 더 많은 것을 끌어모아 다 주려고 한다.

　사람은 갈증을 해소하고 나면 우물에 등을 돌린다. 황금 접시 위에 놓였던 오렌지는 즙을 짜고 나면 쓰레기통 속으로 버려진다. 의존할 필요가 없어지면 사람들은 이내 순종적인 태도를 버리고 곧이어 존경심도 버린다. 그러니 최고로 지혜로운 이는 사람들에게 기대를 심어주되 그 기대를 완전히 충족시켜주지 않는다. 무엇보다 사람들로 하여금 자신을 늘 필요로 하도록 만든다.

　최고 권력을 지닌 이 역시 그러하다. 이때 지나치게 침묵하여 상황을 극단적으로 몰아가는 우를 범해서는 안 된다. 사리를 채우려고 남에게 돌이킬 수 없는 피해를 입혀서도 안 된다.

배울 점이 있는 이들과 어울려라

벗을 사귀는 일은 지식을 얻을 학교이자 즐거움이 동반되는 배움터와 같다. 따라서 친구들을 스승으로 삼아야 한다. 이로써 배움에서 오는 이익과 사교에서 오는 즐거움을 씨줄과 날줄처럼 엮이게 해야 한다.

사람들은 대개 어떤 이익을 바라고 타인에게 접근하는데, 친구야말로 우리에게 가장 큰 이익을 주는 존재다. 사려 깊은 이들이 위대한 귀족들의 자택을 자주 찾는 이유는, 그들의 저택이 허영의 궁전이기보다는 위대한 인사들 간의 만남의 장이기 때문이다.

뛰어난 처세술을 지녔다는 평판을 듣는 이들을 보라. 그들은 그 모범적인 생활 태도와 대인관계 때문에 위대한 신탁이라는 명성을 누린다. 그와 더불어 자신을 둘러싼 무리와 함께 온갖 선하고 고결한 지혜를 나누는 배움의 장을 가꾸고 소중히 여기기에 높은 평판을 듣는 것이다.

누구나 나의 스승이 될 수 있다

다른 사람을 높이 살 줄 알아야 한다. 누구나 나에게 가르침을 줄 수 있다. 다른 사람을 뛰어넘는 이는 언제든지 또 다른 누군가에게 추월당할 수 있다.

현명한 이는 누구를 대하든 그들의 장점을 파악해낸다. 그들이 그 자리에 오르기까지 얼마만큼의 노력을 했는지 알기에 모두를 높이 산다. 반면 어리석은 자는 누구에게서든 장점은 보지 못하고 단점만 발견해내어 그들을 멸시한다.

경이로운 인물이란

경이로운 인물을 만드는 세 가지 요소가 있다. 이는 신이 베푼 자비로운 재능 중에서도 최고의 것들이다. 그 세 가지란 풍성한 결실을 맺는 천재성, 심오한 지성, 고결하면서도 유쾌한 취향이다.

일의 앞뒤를 제대로 파악하는 것도 대단한 능력이지만, 그보다 더 큰 능력은 올바로 사고하고 선한 품성을 지니는 것이다.

눈에서 스라소니 같은 빛을 발하는 이들이 있다. 그들은 가장 어두운 곳에서 가장 옳은 것을 구분할 줄 안다. 또한 지금 자신이 목표하는 방법에 가장 적합한 기회를 포착할 줄 안다. 그렇기에 그들은 아주 많은 것과 아주 좋은 것, 다시 말해 풍성한 결실을 맺는다.

마지막 요소인 고결한 취향은 인생 전체에서 양념 역할을 한다.

마음의 소리에 귀 기울여라

마음의 소리를 믿어라. 그 마음이 지닌 능력이 입증되었다면 더더욱 그리하라.

마음의 소리를 귓등으로 듣고 흘려서는 안 된다. 마음의 소리야말로 가장 중요한 것이 무엇인지 미리 알려줄 때가 많기 때문이다. 마음의 소리는 자기가 자신에게 전달하는 일종의 계시다.

진실을 알려주는 심장을 타고난 이들이 있다. 그들의 마음은 불행이 다가올 때면 예방책을 마련하라고 경종을 울린다. 이때 불행의 길을 우회하기에만 급급해서는 안 된다. 진정 현명한 이는 불행을 극복하겠노라 마음먹는다.

친구에 대하여

친구를 지녀라. 친구는 또 다른 자신이다. 나쁜 친구, 멍청한 친구란 없다. 친구들 사이에서는 모든 일이 순조롭다.

친구의 가치는 내가 그에게 무엇을 기대하느냐에 따라 달라진다. 그 친구를 얻고 싶다면 먼저 그가 내게 무언가를 기대하게 만들어야 한다. 그러기 위해서는 먼저 그의 마음과 혀를 내 것으로 만들어야 한다.

이때 호의를 베푸는 것보다 더 강력한 위력을 발휘하는 마법은 없다. 친구를 얻을 때도 그러하다. 호의를 베푸는 것이 가장 좋은 방법이다. 내가 가진 대부분의 것, 그리고 내가 가진 최상의 것은 결국 타인에 의해 좌우된다.

우리를 둘러싼 사람은 친구 아니면 적이다. 그러니 내 사람을 찾기 위해 매일매일 노력해야 한다. 상대방이 친구가 될지 적이 될지를 처음부터 알 수는 없다. 하지만 대체로 호의를 지닌 이들을 선택할 수는 있다.

일련의 과정을 거치고 나면 그중 믿을 사람 몇몇은 건
질 수 있다.

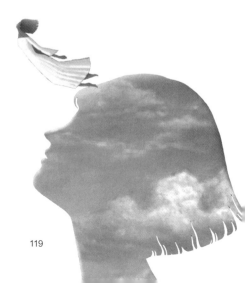

마음의 문을 열어라

다가가기 어려운 사람이 되어서는 안 된다. 누구의 말도 듣지 않으려는 자는 손쓸 수 없을 정도로 무지한 셈이다.

신중하다고 자부하는 이들도 우정 어린 충고에 귀기울일 줄 알아야 한다. 신중한 군주라면 자기와 다른 의견을 배척해서는 안 된다. 의견을 채 듣지도 않고 거부부터 하는 자들은 구제불능이다. 이래서는 아무도 그들에게 다가가지 않기 때문에 그들은 멸망의 길로 돌진할 수밖에 없다.

위대한 지성의 소유자들아, 친구들에게 마음의 문을 열어라. 친구들은 분명 도움이 돼줄 것이다. 친구지간이라면 서로 거리낌 없이 충고할 수 있어야 하고 자유롭게 비난할 수 있어야 한다. 그러기 위해 분위기를 만들어라. 내가 친구에게 만족감을 드러낼 때, 나아가 그의 신용과 지성을 높이 평가할 때 친구는 내게 충고와 비판을 할 수 있다.

이는 누구든 무조건 배려하고 믿으라는 말이 아니다. 우리 마음속 깊은 곳에는 믿어도 좋을 만한 거울이 내재되어 있다. 그 거울을 통해 내 잘못을 지적하며 바로잡아주는 고마운 친구가 누구인지 알 수 있다. 그 친구를 소중히 여겨라.

위선을 떨쳐라

오늘날 때로는 위선을 떨어야 할 때도 있다. 그러나 신중해져야지, 교활해져서는 안 된다. 위선자가 되지 말라.

우리는 스스로 직접 성실하게 행동하지는 못하더라도 타인의 성실함에 기쁨을 내비친다. 이때 성실함이나 현명함이 고지식함으로 변질되어서는 안 될 일이다. 현명함 그 자체로 존경받도록 노력해야 한다. 사람들이 두려워하는 간신배가 되어서는 해결될 일이 무엇이랴.

마음을 솔직하게 터놓는 이는 사랑받기도 하지만 사기의 타깃이 되기도 한다. 그래서 거짓된 것들을 감추는 기술을 익히는 게 중요하다.

황금시대에는 정직함이 최고의 덕목이었다. 그러나 백은시대, 청동시대, 영웅시대를 지나 흑철시대에 이른 지금은 교활함이 최고의 덕목이 되었다.

자신의 의무가 무엇인지 아는 인물이라는 평판을

얻어라. 그러면 명예와 신망을 얻을 수 있다. 반면, 위선자라는 평판은 비방과 불신의 근원이 될 뿐이다.

결실에 대하여

결실은 지식과 용기를 얻을 수 있다. 지식과 용기를 갖춘 이에게 위대한 수확이 뒤따른다.

사람은 자신이 아는 만큼의 가치를 지닌다. 따라서 현명한 이는 모든 것을 해낼 수 있다. 또한 지식이 없으면 빛이 없는 세상에 있는 것과 같다. 지혜와 강인함은 두 눈이요, 또한 양손이다.

용기가 없는 지식은 결실을 맺지 못한다. 용기가 없어 시도해보려는 의지를 가지지 못하기 때문이다. 그리하여 지식을 활용할 기회를 얻지 못하기 때문이다.

지성인들의 호감이 필요하다

인생의 영위에는 지성인의 호감을 사는 것이 중요하다. 특별한 인물의 불확실한 지지가 대중의 갈채보다 더 값지다. 우리는 지성인이 갖춘 그 지성이 지혜에서 비롯되었음을 알기 때문이다. 그렇기에 지성인의 칭찬은 무지몽매한 자들이 보내는 수많은 것보다 강력한 만족감을 안겨준다.

사교성에 대하여

사교적인 사람이 되어야 한다. 거친 야생동물들은 사람들이 많은 곳에 서식하는 법. 스스로에 대해 제대로 알지 못하면 남들에게도 가까이하기 어렵다는 인상을 준다. 이로써 성격마저 바뀔 수 있다.

늘 화가 나 있는 상태라면 대중에게 호감을 얻을 수 없다. 건방진 데다 비인간적인 태도를 보이는 비사교적인 괴물은 한 편의 희극에 다름 아니다. 괴물과 이야기를 나눌 수밖에 없는 비극적 운명을 지닌 이들은 마치 호랑이와의 싸움에 임하는 것처럼 극도의 두려움에 극한의 조심성으로 날을 세운다.

그런데 비인간적인 괴물들 역시 현재의 직위에 오르기까지는 모든 이의 환심을 사려고 노력했을 터! 정작 그 직위를 차지한 후에는 대중의 미움을 받고 자기한테 손해 될 짓만 일삼는다. 그들은 보통 많은 이를 대해야 하는 입장이면서도 자존심 때문인지 자만심 때문인지 아무도 상대하려고 들지 않는다. 그들을 벌하는 가장 세련된 방법은 그들과의 접촉을 끊는 것!
이로써 그들이 현명해질 방법을 차단하는 것이리라.

통찰력 있는 지성인들을 가까이하라

　지성 있는 이들을 주변에 두면 언제나 도움 될 것이다. 권력자들은 탁월한 통찰력을 지닌 이들을 곁에 두었는가의 여부로 그 행운이 갈리곤 한다. 현명한 이를 신하로 두는 건 특별한 권력을 지닌 것과 같다. 자기보다 뛰어난 이들을 내 옆에 두는 것이야말로 인생 최고의 기술이다.

　지식과 지혜는 길고 사람의 인생은 짧다. 지식과 지혜를 갖추지 않은 자는 제대로 살아가고 있다고 말할 수 없다. 커다란 공을 들이지 않고 무언가를 배우는 것, 다양한 사람을 통해 다양한 지식을 쌓고 나아가 다양한 것을 깨닫는 게 지혜로운 자세다. 우리가 하나하나 익힌 충고들은 훗날 대중 앞에서 훌륭한 언어로 표출되고, 이로써 우리는 '선택받은 이'라는 명성을 얻을 수 있다. 지성인들은 우리 옆에서 교훈들을 모아 정리하고 다듬어 금언으로 품격을 높인다.

　스스로 지혜로운 이들을 부릴 능력이 없는가? 그렇

다면 그들과 교류부터 시작하라. 이로써 이익을 취하는 법을 익혀라.

자신에게 주어진 행운을 파악하라

행운을 하나도 타고나지 않을 만큼 불행한 사람은 없다. 불행한 사람은 타고난 운을 알아채지 못한 것뿐이다.

제후나 권력자들 중에는 명성이라는 운을 타고난 자가 많다. 그들은 왜 이런 운이 따르는지를 알지 못한다. 그저 운명의 여신이 그들의 손을 들어주었다고 여길 것이다. 여기에 그들 자신의 노력은 보조적 역할만 수행할 뿐이다.

그런가 하면 어떤 이들은 현자가 될 운을 타고난다. 이들도 직책이나 지위에서만큼은 남들보다 더 큰 행운을 누린다. 남들과 특별히 구분되는 점도 없고 더 많은 공적을 쌓은 것도 아닌데, 그런 행운이 주어지는 것이다.

우리는 자신에게 주어진 행운과 재능이 무엇인지 알아야 한다. 그리하여 그 행운의 별을 따르고, 갈고닦고, 내 행운의 별을 다른 별과 착각하지 말아야 한다.

자신의 별을 다른 별과 착각하는 것은 작은곰이 손가락으로 가리키는 방향을 빤히 쳐다보면서도 북극성을 찾지 못하는 것과 같다.

다시 만나고 싶은 사람이 되라

다시 보고 싶어질 만큼 큰 호감을 일으키기란 쉬운 일이 아니다. 따라서 현명한 이들이 다시 보고 싶어하는 그런 인물이 된다는 것은 커다란 행운이 아닐 수 없다.

대중의 마음을 사는 비결 중 가장 확실한 방법은 탁월한 업무 능력과 재능을 보여주는 것이다. 행동거지를 바르게 하는 것도 좋다. 이렇게 함으로써 스스로를 없어서는 안 될 존재로 격상할 수 있다.

내가 일을 필요로 하는 것이 아니라 일이 나를 필요로 하게 만들어라. 후임자의 무능 때문에 '구관이 명관'이라는 말을 듣는 것은 나의 명예와는 상관없는 일일 수 있다. 이는 사람들이 나를 원해서가 아니라 무능한 사람을 내쫓고 싶어서 하는 말일 수 있기 때문이다.

큰 행운을 감당할 배포를 길러라

커다란 행운이 왔을 때 덥석 받아들여 소화해낼 그 릇이 되어야 한다. 큰 행운은 그 행운을 받아들이고도 남음이 있는 아량 넓은 이를 곤경에 빠뜨리지 않는다.

풍성하게 차려진 식탁을 보는 것만으로도 거북해하 는 자들은 그만큼 그릇이 작은 것이다. 그들은 높은 직 위를 감당할 천성도 못 되고, 그런 교육을 받아들이지 도 못한다. 풍성한 식탁을 보는 순간 그들은 신물이 올 라오는 것처럼 행동하고, 분에 넘치는 영광으로 취기 를 느껴 현기증을 느낀다. 급기야 어려운 자리에서 큰 실수를 저지를 위험에 처한다. 그들은 자신들에게 주 어진 행운을 넣어둘 공간을 찾지 못한 채 차라리 폭발 하고 싶어 한다.

한편, 큰일을 감당할 여력이 충분한 위대한 인물은 세심하게 주의를 기울여 소인배라는 인상을 줄 모든 행동을 피한다.

더 많이 배워라

인간은 본디 미개하고 야만스럽다. 오직 교육만이 인간을 미개함에서 해방시킨다.

교육은 사람을 만들고 사람은 더 많이 배울수록 더 크게 된다. 희랍인들이 자신들을 제외한 나머지 사람들을 야만인이라고 할 수 있었던 것도 교육 덕분이다.

교육에 더 적합한 수단으로 지식을 따를 것이 없다. 하지만 고상함이 더해지지 않은 지식은 그저 정제되지 않은 거친 무언가에 불과하다. 여기서 더 나아가 우리는 의지와 말에도 고상함의 숨결을 불어넣어야 한다.

천성적으로 고상한 이들이 있다. 그들은 내면과 외면 모두가 우아하다. 생각과 말투, 즉 과일로 치자면 속에 해당하는 정신적 재능과 껍질에 해당하는 겉치장 등 모든 면에서 고상함이 넘친다. 그런가 하면 자신의 뛰어난 부분조차도 도저히 참을 수 없을 만큼 천박하게 전락시키는 무리도 있다.

호감을 얻어라

사람들의 호감을 얻어야 한다. 많은 이의 경탄을 받는 것은 무척 대단한 일이다. 이에 더하여 그들의 사랑까지 받을 수 있다면 이보다 좋을 수 없다.

많은 일이 자연의 자비로 좌우되지만 노력에 따르기도 한다. 자연의 자비가 이룬 것을 꽃피우는 게 노력이다. 이때 탁월한 재주는 필요조건일 뿐 충분조건은 아니다.

호의를 얻고 싶으면 호의를 베풀어라. 아낌없이 선행을 베풀고, 아름다운 말을 하고, 더 아름다운 행동을 보여라. 사랑받고 싶다면 먼저 사랑을 베풀어야 한다.

예의 바른 태도는 위대한 자들이 활용하는 정치적 마술 중 최고봉이다. 먼저 행동가에게, 이어서 문필가에게 손을 내밀어라. 문인들이 내보이는 호감이 바로 불멸의 것이다.

호의는 커다란 일에 베풀라

호의를 남용해서는 안 된다. 커다란 호의는 큰일에 베풀어야 한다. 사소한 일에 큰 신뢰를 쏟아서는 안 된다. 이는 호의를 남용하는 것일 뿐이다. 사소한 목적을 위해 자신의 호의를 다 베풀어버리면 나중에 무엇이 남겠는가?

오늘날 호의보다 더 값진 것은 존재하지 않는다. 자신을 옹호해주는 사람보다 더 큰 가치를 지닌 것은 없다. 호의는 세상을 일으켜 세우기도 하고 파괴하기도 한다. 심지어 영혼을 불어넣거나 앗아 가기도 한다. 힘을 지닌 이의 호의를 얻어라. 이는 재물과 재산을 쌓는 것보다 더 중요한 일이다.

완전한 사람이 되기 위해 노력하라

완전한 사람이 되기 위해 노력하라. 인간은 완성된 상태에서 태어나는 것이 아니다. 모든 재주가 완전히 몸에 배도록 날마다 노력하라. 갖출 수 있는 모든 선량함이 완성될 때까지 매일매일 끊임없는 노력을 통해 인격과 소양을 연마해 나아가라. 고급스러운 취향을 지니고, 최고의 사고력에 이르고, 성숙한 판단력을 갖추고, 순수한 의지를 가질 때까지 쉼 없이 나아가라.

예의를 갖추어라

늘 예의 바른 사람이라는 평판을 얻어야 한다. 그러면 인기 얻기가 몹시 순조로울 것이다. 예의범절은 교육의 주요 구성 요소다. 또한 사람들의 경계를 무너뜨리고 환심을 사기 좋은 일종의 마법이다. 반면, 무례한 태도는 대중에게 경멸과 반감만 일으킬 뿐이다. 특히 자만심에서 비롯된 무례함은 혐오스러우며 경박함에서 비롯된 무례함은 비루하다.

예의는 모자란 것보다 과할 정도로 갖추는 편이 백번 낫다. 그러나 모든 사람에게 예의를 똑같이 갖출 필요는 없다. 그랬다가는 오히려 부당하다는 소리를 들을 수 있다.

경쟁자, 특히 적과의 관계에서는 스스로의 용맹을 증명하기 위해서라도 반드시 예의를 갖추어야 한다. 예의를 차리는 데 드는 수고스러움보다 돌아오는 이익이 훨씬 크기 때문이다.

상대방을 존중하라. 그러면 나도 존중받는다. 예의

와 명예가 우리에게 주는 가장 큰 소득은 그걸 갖추는
사람에게 되돌아온다는 것이다.

무리하게 선량할 필요는 없다

너무 선량하기만 해서는 남들이 무시하기 십상이다. 절대 화를 내는 법이 없는 것도 그리 좋은 일은 아니다.

아무런 감정도 느끼지 못하는 자는 존경받기 어렵다. 그들이 화를 내지 않는 이유는 둔해서이기도 하지만 화를 낼 능력이 없어서이기도 하다.

꼭 필요할 때 감정을 드러내는 것은 강인한 인품을 드러내는 것과 마찬가지다. 새들도 밀짚으로 만든 허수아비를 무서워하지 않는다.

직위에 걸맞은 사람이 되라

인품이 나의 직위를 능가하도록 하라. 내 직위가 아무리 높더라도 나의 인품은 그것을 감당하고도 충분히 남음이 있음을 보여주어야 한다.

해박한 이들은 늘 자신이 맡은 것보다 더 많은 것을 대비하고 있으며, 이로써 직위도 점점 더 높아지는 선순환을 가져온다.

위대한 아우구스투스는 뛰어난 제후가 되기보다는 훌륭한 인간이 되는 것에 더 큰 명예를 걸었다. 고결한 인품은 바로 그런 데서 기인한다. 근거 있는 자신감을 가져라. 이는 인품의 수양에 큰 도움이 된다.

리더십에 대하여

　무리를 거느리는 통솔력, 이른바 리더십은 뛰어난 이들의 전유물이다. 통솔력은 훌륭한 천성에서 비롯된다. 비열한 위장전술이 아닌 진정한 통솔력 앞에서는 만인이 복종한다. 영문도 모른 채 천성적 권위가 내보이는 은밀한 힘을 인정하는 것이다. 훌륭한 정신력을 지닌 이는 자신이 내포한 가치 덕분에 군주로 떠받들리고, 천성적 특권으로 말미암아 우두머리로 격상된다. 그들은 자신을 향한 경외심을 이용해 나머지 모두의 마음과 머리를 사로잡는다. 이들이 다른 재주까지 지녔다면 날 때부터 나라를 이끌어갈 도구로 내정될 것이다. 그들은 표정 하나로 남들이 일장연설로 얻어내는 것보다 훨씬 더 많은 걸 얻어낼 수 있다.

첫인상의 노예가 되지 말라

첫인상의 노예가 되지 말라. 귀에 어떤 말이 들어오는 즉시 그 말과 혼인하는 자들이 있다. 거기에 사로잡혀 나머지 것들은 잘해야 혼외의 관계밖에 되지 못한다.

그러나 앞서 오는 것은 늘 거짓말임을 명심하라. 처음에 매달리다 보면 나중에는 진실이 들어설 자리가 없게 마련이다.

처음 마주치는 물건에 의지를 빼앗기지 말라. 처음 듣는 말에 이성을 상실하지 말라. 이는 정신력이 약하다는 방증일 뿐이다. 정신력이 약하다는 사실이 남에게 알려지면 멸망의 길로 들어설 수밖에 없다. 악의를 품은 자들이 그 빈틈을 활용하려고 할 것이기 때문이다.

사악한 자들은 남의 말을 잘 믿는 사람들을 자신의 색으로 물들인다. 이를 명심하고 늘 두 번째 시도를 위한 여지를 남겨두라. 또한 세 번째 소식에도 귀를 열어두라.

　보이는 것을 쉽게 받아들인다는 것은 그만큼 능력이 하잘것없다는 의미다. 그런 만큼 감정적으로 치우치기도 쉽다.

명예를 드높이는 방법

자리를 비움으로써 자신에 대한 평가와 평판을 드높일 줄 알아야 한다. 어떤 자리에 참석하는 것이 명예를 깎아내린다면 불참함으로써 명예를 드높여라. 그 자리에 없으면 사자라고 평가될 사람도 그 자리에 있으면 보잘것없는 산짐승이라는 말을 듣는다.

대중의 상상력이란 얼마나 멀리 나아가는가. 그러나 귀를 통해 들어온 환상은 눈을 통해 빠져나가버린다.

그렇다고 머물러 있어서도 안 된다. 명성의 한가운데에 가만히 멈춰 있는 자는 명예를 보전할 수 없다.

호의에 대하여

　애정과 호의를 얻으면 호평이 자연스레 뒤따른다. 누군가는 자신들의 가치를 너무 맹신하여 호의 따위는 필요 없다고 호언한다. 그러나 경험 많은 현자는 호의라는 보조수단이 없는 길은 멀고도 험하다는 사실을 잘 안다.

　호의는 매사를 수월하게 만들고 보완한다. 용기와 성실함, 지식과 지혜 등 긍정적 자질을 꼭 갖춰야만 호의를 얻을 수 있는 것은 아니다. 오히려 누군가에 대해 일단 호의를 품으면 그가 긍정적 자질들을 지니고 있다고 절로 믿게 된다. 그의 부정적 면모는 자연스레 가려진다. 부정적 면모를 굳이 보려는 의지가 없기 때문이다.

　호의는 대개 본질적 동질감, 즉 기질이 비슷하다거나 출신지 및 국적이 동일하다거나 핏줄로 이어진 친인척관계라거나 동일한 업종에 종사한다는 등 다양한 부문에서 비롯된다. 혹은 한 차원 높은 수준의 동질감,

즉 비슷한 재능이나 사명감 또는 명성이나 업적 등에
서도 발현된다.

칭찬에 인색하지 말라

그 자리에 없는 사람을 칭찬하는 것은 나를 높이는 좋은 방법이다. 과거 어딘가에서 알게 된 훌륭한 인물을, 그가 없는 지금 이 자리에서 칭송하는 것은 나에 대한 신뢰도를 높여주는 수단이 된다. 완전한 인물의 가치를 확인한 이라면 어딜 가더라도 그 사람에게 합당한 칭찬을 할 수밖에 없다. 나아가 이를 통해 지금 내 눈 앞에 있는 또 다른 완전한 인물에게 매우 세련된 방법으로 예의를 표할 수 있다.

물론 이와 반대로 행동하는 자들도 있다. 그들은 험담을 일삼고, 특히 그 자리에 없는 사람을 깎아내림으로써 눈앞에 있는 사람의 비위를 맞추고자 한다. 이 방법은 속이 얕은 자에게는 통한다. 그들은 상대방이 늘 비열한 험담만 늘어놓는다는 사실을 알아채지 못하기 때문이다.

그런가 하면 어제의 뛰어난 인물보다 오늘의 평범한 인물을 더 높이 보는 이들도 있다. 신중한 이는 그 모든 속임수를 꿰뚫어 본다. 신중하고 현명한 이는 누군가의 부풀려진 무용담을 듣고 좌절하지도, 듣기 좋은 달콤한 말에 당당해하지도 않는다.

§
중용,
그것은 바로
지혜를 열어가는
비밀의 문이다.

§

훌륭한 도구를 사용하라

훌륭한 도구를 사용하라. 신하의 탁월함이 군주의 위대함을 경감시키는 일은 결코 없다. 오히려 신하의 성공으로 그 명성이 군주에게 향한다. 그러나 신하가 실패하면 그 비난은 군주에게 향한다.

평판은 늘 주인에게 돌아가는 법이다. 누구는 수족이 훌륭하고 누구는 수족이 형편없다, 라는 평판은 없다. 그저 누구는 위대한 예술가였고 누구는 형편없는 예술가였다는 평판만이 존재할 뿐!

참견쟁이를 경계하라

　자신의 이익을 위해 남의 일에 참견하는 사람을 조심하라. 교묘한 속임수에는 예리한 후각으로 맞서야 한다. 참견쟁이들은 정작 자신의 이익과 관련된 일인데도 그것을 상대방의 일인 것처럼 포장하곤 한다.

　그런 의도를 간파해내는 열쇠를 지니지 못하면 걸음을 옮길 때마다 구덩이에 빠지고 만다. 불구덩이에 담긴 무언가를 빼내더라도 결국 상대방에게는 이익이 돌아가고 내 손에는 큰 화상만 남을 뿐이다.

고귀한 기질을 단련하라

　남다른 영혼과 고결한 아량을 갖춘 이가 아름다운 선행을 벌이면 그의 인품은 찬란하게 빛날 것이다. 고귀한 기질은 어떻게 가질 수 있는가? 아무나 가질 수 있는 게 아니니, 뛰어난 정신력을 지녀야만 그것을 가질 수 있다.

　고귀한 기질을 가지려면 적을 칭찬할 줄 알아야 한다. 더 나아가 적에게 관대한 행동을 베풀 줄 알아야 한다.

　혹시 복수해야 하는 상황이라면 고귀한 기질이 가장 큰 빛을 발할 수 있다. 고귀한 기질을 지닌 이는 복수의 기회를 기회로만 이용하지 않기 때문이다. 그는 위대한 승리를 목전에 둔 상황에서 예기치 않은 아량을 베풂으로써 더 큰 그릇으로 발전해 나아간다.

　이때 승리를 자랑해서는 안 된다. 승리했음을 의식조차 하지 않아야 한다. 이것이 분별력 있는 처사요, 국가의 중책을 맡은 인사들에게 없어서는 안 될 덕목이다.

　고귀한 기질을 지닌 이들은 무공은 쌓되, 무용담을 떠들어대지는 않는다.

상대방을 존경하라

어떤 경우에도 남들에게서 미움을 사서는 안 된다. 남들의 반감을 사서 좋을 일이란 없다. 왜 상대방을 미워하는가? 무엇 때문에 미워하는가? 특별한 이유도 없이 왜 혐오하는가?

상대를 미워하는 자들은 내가 그들의 비위를 맞춰 주고자 하는 마음을 채 먹기도 전에 더 빠른 속도로 나를 미워한다.

사람들은 대개 지성이 뛰어난 이를 경원시한다. 남을 험담하는 자를 혐오한다. 잘난 체하는 자를 경멸한다. 빈정거리는 자를 업신여긴다. 모질고 억세게 구는 자를 무시한다.

존경받고 싶다면 먼저 상대방을 존경하라. 좋은 평판을 누리는 것만큼 값진 보물은 없다.

사람들과 함께하라

혼자 동떨어진 채 현자가 되는 것보단 남들과 어울리며 함께 바보가 되는 것이 낫다. 이것이 지각 있는 이들의 말이다.

모두가 멍청하면 더 이상 뒤떨어질 것이 없다. 하지만 혼자 동떨어진 현자는 오히려 멍청하다는 말을 듣는다. 때로는 무지한 것 혹은 무지한 척하는 것이 가장 현명한 처사다.

사람은 타인과 어울리며 살아야 하는데, 현실에는 무지한 자가 더 많다. 홀로 살아가자면 신이나 짐승에 가까워야 한다. 그럼에도 처음의 말을 바꾸어서 이렇게 다시 말해보고자 한다. 다른 이들과 함께 현명한 편이 혼자 멍청한 것보다 낫다. 기이함 속에서 독창성을 찾는 이들도 분명 존재할 것이기 때문이다.

아는 것에 대해서만 말하라

어떤 분야에 대해서든 아는 게 거의 없다면 확실한 것에만 입을 열어라. 그러면 조예가 깊다는 소리는 못 들어도 철저하다는 말은 들을 수 있다. 아는 것도 없는데 위험을 감수하는 건 스스로 멸망의 길에 들어서는 것이나 다름없다. 그럴 때는 차라리 안전한 쪽을 택해야 한다. 이미 입증된 확고한 사실에만 나서라. 아는 것이 많지 않을 때는 이게 좋은 방법이다. 또한 어떤 분야에 대해 많이 알건 조금 알건 항상 안전한 편을 택하는 게 남들과 전혀 다른 의견을 내놓는 것보다 현명한 처사다.

칭찬하라

　사람들과 함께 있을 때 불평을 늘어놓는 일은 절대 피하라. 무엇에 대한 것이든 누구에 대한 것이든, 불평은 자신의 평판을 떨어뜨릴 뿐이다.

　누군가가 다혈질을 드러낼 때 거기에 동조하지 말라. 거기서 받는 위로란 정말 부질없다. 눈을 크게 뜨고 그의 무모함에서 배울 점을 찾아라.

　부당한 일을 당하면 즉시 불평을 늘어놓음으로써 또 다른 부당함을 초래하는 자들이 있다. 그들은 남들로부터 도움이나 위로를 받고 싶어하지만 사람들은 그의 고통을 즐거운 마음으로 쳐다본다. 또한 경멸하는 마음을 던진다.

　차라리 잘 풀린 일에 대한 경험담을 이야기하라. 그러면 남들도 일이 잘 풀린 데 대해 좋은 감정을 가지고 이를 좋아해줄 수밖에 없다. 이것이 지각 있는 행동이다.

　그 자리에 없는 사람을 칭찬함으로써 그 자리에 있

는 사람들도 칭찬받을 행동을 하게 만들어라. 이렇게
하면 결국 양쪽 모두에게 신망을 얻을 수 있다.

반박의 기술을 익혀라

반박의 기술을 익혀라. 이는 탐구에 커다란 도움이
되는 전략이다. 반박의 순간, 곤경에 빠지는 것은 상대
방이어야 한다.

누군가를 제압하고자 할 때는 반드시 상대방을 흥
분시켜야 한다. 그것보다 효과적인 방법은 없다. 상대
방이 내뱉은 모호한 말을 슬쩍 무시하면 그의 흥분을
유도할 수 있다. 곧, 그의 가장 깊은 곳에 감춰진 비밀
이 입을 벌리려는 참이다.

그렇다면 지금, 달콤한 미끼 몇 개를 던져라. 상대
방은 그 미끼를 덥석 물고 말 것이다. 상대방의 혀에
서 뛰쳐나온 비밀은 교활한 술수의 그물망으로 미끄
러져 들어간다.

내가 신중을 기할수록 상대방은 긴장의 끈을 늦추
게 마련이다. 그러면서 꾹꾹 눌러 감추려던 의중을 엉
겁결에 드러내고 만다. 이때 시선을 돌려 알면서도 모
르는 체하라. 이러한 대응은 호기심을 충족시켜주는

만능열쇠다.

　스승의 가르침에 이의를 제기하는 방법은 배움에서
도 꽤 효과를 거둔다. 제자의 반박에 스승은 한껏 흥
분하여 자기가 알고 있는 더 깊은 지식을 내보인다.
즉, 적당한 수준의 논쟁이 완전한 배움으로 이어지는
것이다.

반박할 때는 주의를 기울여라

반박하는 자에게 당장 반박하지 말라. 누군가가 반박할 때는 그 반박의 의도를 파악해야 한다. 교활함에서 비롯된 반박인지, 천박함에서 비롯된 반박인지를 구분할 줄 알아야 한다는 말이다. 아집으로 앞뒤를 따져보지도 않은 채 반박하는 자도 있지만, 준비되지 않은 이런 반박을 일종의 술책으로 활용하는 자도 있다. 염탐꾼을 상대할 때일수록 더욱 세심한 주의가 필요하다.

진실에 대하여

거짓말하지 말라. 그러나 진실을 모두 말하지도 말라.

진실보다 더 큰 조심성을 요구하는 것은 없다. 진실은 관상동맥을 찌르는 침과 같다. 진실에 대해 침묵하려면 진실을 말할 때 필요한 만큼의 지성을 쌓아두어야 한다. 단 한 번의 거짓말로 지금까지 완전무결했던 명성이 순식간에 무너져내릴 수 있다. 기만은 곧 범죄요, 사기꾼은 곧 배신자로 낙인찍힌다.

진실이라고 해서 꼭 모두 다 말할 필요는 없다. 어떤 진실은 우리 자신을 위해, 어떤 진실은 상대방을 위해 감추어야 한다.

희망에 대하여

항상 희망의 여지를 남겨두라. 그래야 행복 속에서 불행을 느끼지 않을 수 있다. 우리 몸은 숨 쉬고 싶어 하고, 우리 정신은 앞으로 나아가고 싶어 한다. 이미 모든 것을 지닌 사람은 이제 실망과 불만만 느낄 뿐이다.

지성을 수련할 때도 호기심을 자극하고 기대를 불러일으킬 여지를 남겨두어야 한다. 칭찬할 때도 아낌없는 칭찬은 자제하는 것이 현명하다.

더이상 바랄 게 없어지면 모든 것은 두려워진다. 행복 속에서 불행을 느끼는 것이다! 두려움은 희망이 끝나는 곳에서 시작된다.

노력에 관하여

　행복에도 일종의 규칙이 있다. 행복에 이르려면 노력이 뒷받침되어야 한다. 행운의 여신의 신전 앞에서 그저 문이 열리기만 기다리는 자들이 있는가 하면, 앞으로 나아가려고 끊임없이 노력하며 가치와 용기라는 날개를 퍼덕여 현명하고도 대담히 여신에게 다가가 스스로 기회를 만들려는 이들도 있다. 후자가 더 뛰어남은 자명하다.

　현명한 이에게 우연이란 존재하지 않는다. 이를 철학적으로 숙고해보자면, 결국 미덕과 통찰력이라는 길 외에 다른 길은 없음을 가리킨다. 행복과 불행은 결국 현명한가 혹은 어리석은가로 좌우되는 것이다.

그만둘 시기를 가늠하라

　행운으로 이익을 봤다면, 그만둘 시기가 언제인지를 가늠해야 한다. 유명한 도박사들은 모두 이 방식을 취한다. 아름답게 물러나는 것은 대담한 공격만큼이나 가치 있는 일이다. 충분히 얻었다고 생각될 때, 꽤 많이 얻었다 싶을 때 그 성과를 안전한 곳으로 대피시켜야 한다.

　오래 지속되는 행운은 언제나 미심쩍다. 이따금씩 나타나는 행운이 더 안전하다. 단맛과 신맛이 동시에 나는 것이 오히려 일상적이다. 행운의 가치는 그 짧은 지속성 때문에 한 차원 그 격이 높아진다.

시기를 가늠할 줄 알라

어리석은 자는 마지막에 가서야 처음에 할 일을 하려고 든다. 현명한 이는 어리석은 자가 마지막에 가서 하는 일을 처음에 한다. 두 경우 모두 하는 일은 똑같다. 언제 하느냐의 차이가 있을 뿐이다.

현명한 이는 적당한 시기에 일하고, 어리석은 자는 그릇된 시기에 일한다. 이성이 뒤죽박죽인 상태에서 일을 시작한 자는 끝까지 뒤죽박죽인 상태로 진행한다. 이로써 옳고 그름을 분간하지 못하고 매사를 그릇된 쪽으로 몰아간다. 그가 올바른 길을 가게 만드는 방법은 한 가지뿐이다. 올바른 길로 가도록 강요하는 것이다. 이때 조금이라도 생각을 옳은 방향으로 돌리는 이라면 누가 시키지 않아도 스스로 그 길을 갈 것이다.

실수에 대하여

　자신이 어떤 실수를 빈번히 저지르는지 파악할 필요가 있다. 완벽하다는 사람일지라도 자주 저지르는 실수가 있게 마련이다. 어쩌면 그는 그런 실수들과 부부관계 혹은 연인관계일지 모른다.

　뛰어난 정신력의 소유자에게도 흔히 저지르는 실수가 있다. 지성이 뛰어난 이들일수록 실수의 정도가 더 크기도 하고 혹은 실수가 더 눈에 띄기도 한다. 그들이 그러한 실수를 몰라서 저지를까? 알면서도 즐긴다거나 충분히 피할 수 있는 실수들을 일부러 골라서 저질렀다면 고약한 악취미가 아닐 수 없다.

　실수는 완벽함에 오점을 남긴다. 보는 사람들은 저들이 일부러 실수를 저지르고 그것에 즐거워하는 만큼의 강도로 그 실수에 혐오감을 느낀다. 그러니 결단력 있는 태도로 자기 절제 훈련을 하라. 이를 통해 불필요한 실수들을 제어하고 자신의 장점들에 묻은 얼룩을 제거하라.

사람들은 가뜩이나 얼룩에만 집착하는 경향이 있다. 그들은 상대의 감탄할 만한 선행을 보고 칭찬하려다가도 그가 저지른 고약한 실수를 떠올리며 입을 다물어버린다. 오히려 그가 지닌 재능들마저 흉보며 그를 최대한 깎아내린다.

126

반감을 드러내지 말라

　혐오감을 억제하라. 우리는 아무 이유 없이 누군가를 미워하곤 한다. 상대의 인품을 알지도 못한 채 말이다. 이러한 막연하고 품위 없는 반감은 종종 탁월한 인물들에 대해서도 일어난다. 이것을 현명함으로 조절할 줄 알아야 한다. 자기보다 뛰어난 이를 이유 없이 시기하고 미워하는 것은 더 나쁜 평판을 얻는 지름길이다.

재치 있게 행동하라

　가벼운 실수를 이용할 줄 알아야 한다. 현명한 이들은 이것으로 곤란한 상황에서 벗어나곤 한다. 그들은 종종 재치 있는 말을 가볍게 던져 남들의 시선을 분산시키고는 구불구불한 미로에서 탈출한다. 곤란한 다툼이 일어나도 재치를 발휘해 품위와 미소를 잃지 않는다.

　꼭 거절해야 할 일이 있을 때는 예의 바른 태도를 유지한 채 대화를 다른 쪽으로 유도하라. 이때 아무도 이를 눈치채지 못하면 금상첨화다.

냉정함으로 절제하라

냉정함을 유지하라. 냉정은 최고로 위대한 정신력이다. 이것을 앞세우면 비열한 손가락질의 대상이 되는 상황을 피할 수 있다. 자기 자신, 그리고 자신의 감정을 절제하는 것보다 더 뛰어난 절제는 없다.

자제력은 자유의지를 승리로 이끈다. 감정을 도저히 제어할 수 없다면 절대로 고위직에 몸담아서는 안된다. 이는 신랄한 비판을 피하는 길이요 명성을 얻는 지름길이다.

어리석은 자들의 선택

능력이라는 태양계는 심장과 머리라는 두 개의 극을 가졌다. 둘 중 하나라도 없다면 절반의 행복만 가질 수 있다. 즉, 지성만으로는 충분치 않으며 인품이 필요하다는 뜻이다.

어리석은 자들의 슬픔의 원천은 그들이 처할 상황, 직업, 국가, 친구 들을 스스로 잘못 선택한다는 데 있다.

결단력 있는 사람이 되라

결단력 있는 사람이 되라. 그래야 일을 제대로 실행할 수 있다. 그편이 우유부단한 것보다 덜 해롭다.

도무지 결단을 내리지 못한 채 남들이 부추겨주기만 기다리는 자들이 있다. 판단력을 흐릴 만큼 막막하여 결단을 내리지 못하기도 하지만, 그보다 더 큰 원인은 바로 실천력 부족이다. 난관을 찾아내는 날카로운 감각을 길러라.

어떤 상황에서도 곤란해하지 않고 어떤 일이든 단박에 해치우는 이들이 있다. 그들은 우유부단하지 않기에 고민의 시간을 단축하면서 일을 처리한다. 남들이 고민하는 만큼의 시간을 버는 셈이다.

자신의 주장만 내세우지 말라

자신의 주장만 너무 내세우지 말라. 누구나 자신에게 유리한 쪽으로 생각하고 자기 말이 더 옳다고 생각한다. 그렇기 때문에 서로 다른 두 가지 의견이 충돌하는 사태가 빈번하게 일어나는 것이다. 각자 자기가 더 이성적이라 우기겠지만, 참된 이성은 두 얼굴을 지니지 않는다. 지혜로운 이는 그러한 곤경에 처했을 때 사려 깊게 처신한다. 그는 상대방 입장에서 상대 주장을 꼼꼼히 살핀다. 이렇게 할 경우, 상대방의 주장을 예전처럼 혹독하게 비난하면서까지 자기주장을 관철시키지는 못한다.

계획을 관철시켜라

사자의 가죽을 입을 수 없다면 여우의 털이라도 뒤집어쓰라. 계획을 용감하게 관철시키는 이는 절대 명예를 잃지 않는다. 힘으로 안되는 일이라면 머리로 처리하라. 용맹의 넓은 길로 갈 수 없다면 총명함의 좁은 길을 택하라. 그러고도 도저히 해낼 수 없는 일이라면 잊어버리는 게 상책이다.

일을 처리하는 방식에 변화를 주어라

　일을 처리하는 방식에 변화를 주어야 한다. 인간은 늘 같은 방식으로 행동하지 않는다. 경쟁자의 주의력을 흐트러뜨리기 위해서 일 처리 방식에 변화를 줌이 마땅하다. 한 방향으로만 날아가는 표적을 맞히는 것은 쉽지만 이리저리 방향을 바꾸며 날아가는 표적을 맞히기란 쉽지 않다. 게임할 때 상대방이 예측 가능한 방향으로 말을 옮겨서는 안 된다. 더욱이 상대방이 원하는 방향으로 옮기는 것은 절대 금물이다.

지나친 확신은 어리석음의 소산이다

어떤 것도 너무 확신해서는 안 된다. 어리석은 자들은 대개 지나친 확신을 지녔다. 지나치게 확신하는 자들은 모두 어리석다고 볼 수 있다.

판단력이 흐린 사람일수록 고집이 세다. 내가 아는 것이 옳다는 게 눈에 뻔히 보일지라도 약간의 여지를 남겨두라. 어차피 내가 옳다는 것은 만천하에 알려진 바, 한 걸음 물러나면 예의 바른 사람이라는 말까지 들을 수 있다. 외고집을 부려서 이긴들 득보다는 실이 많다. 고집을 피워대다가 진실의 수호자라기보다는 야만인이라는 인상만 남기기 때문이다.

그러나 아무리 설득해도 통하지 않는 고집불통들이 분명 존재한다. 때로는 지나친 확신에 변덕스러운 고집이 더해지기도 한다. 이 둘이 힘을 합쳐 어리석음과 떼려야 뗄 수 없는 관계를 맺으면 걷잡을 수 없다.

고집은 의지의 소산이지, 지성의 소산이 아니다. 그러나 고집을 발동하지 않으면 곤란해지는 예외적인 경우도 있다. 꼭 필요한 결단을 내릴 때는 고집을 부려라. 확고하지 못하고 우물쭈물하다가는 행동으로 옮기지도 못한 채 싸움에서 지고 만다.

변덕은 지양하라

무지한 자에게나 어울릴 법한 변덕을 멀리하라. 위대하고 현명한 사람은 타인의 평판에 휘둘리지 않는다.

자기성찰은 지혜를 배양하는 학교다. 자기 개선의 출발점은 자기 인식이다. 심기가 불편하다며 늘 변덕을 부리고 상황과 기분에 따라 취향이 변하는 자들이 있다. 이러한 무절제는 의지를 타락시키는 것은 물론, 지성까지 뒤흔든다. 더 나아가 욕구와 인식력에도 혼란을 일으키게 마련이다.

상대의 기분에 맞춰주어라

상대방의 기분을 살필 줄 알아야 한다. 유유상종이라고 학자는 학자와, 성직자는 성직자와 어울린다. 동질감이 호의를 불러일으키기 때문이다.

상대방의 기분을 살피고 그 기분에 맞춰줄 줄 알아야 한다. 상대방에게 의지해야 하는 경우라면 이러한 사교 기술은 더더욱 필요하다. 방대한 지식과 다양한 취향을 가진 이라면 이 섬세한 기술을 누구보다 쉽게 익힐 수 있을 것이다.

실수에 대하여

   한 가지 어리석음에 또 다른 어리석음을 더하지 말라. 한 가지 어리석음을 바로잡으려다가 네 가지 어리석음을 범하는 경우가 있다. 실수를 무마하려다가 더 큰 실수를 저지르는 경우가 있다.

   부당한 비난보다 더 나쁜 건 그 비난을 감싸는 것이고, 실수보다 더 나쁜 건 그 실수를 감추지 못하는 것이다. 제아무리 현명한 이라도 때로는 실수를 저지른다. 그러나 현명한 이들은 거기서 멈춘다. 실수가 실수를 낳게 하지 않는다. 적어도 실수를 달리면서 저지르지, 가만히 앉아서 저지르지는 않는다.

138

실패의 가능성

단 한 번의 시도에 자신의 온 명예를 걸지 말라. 그 시도가 실패할 경우 피해는 도저히 복구할 수 없음이다.

실패의 가능성은 어떤 일에나 있는 법. 첫 번째 시도에서 실패할 가능성은 더더욱 크다. 시간과 기회가 늘 내 편이지 않기 때문이다.

그러나 운이 따르는 날도 있는 법. 어쨌든 두 번째 시도는 첫 번째 시도와 꼭 연계시켜야 한다. 두 번째 시도의 성공 여부에 상관없이 첫 번째 시도는 그 자체로 우리의 명예를 높여줄 것이다.

일 처리에 대하여

　쉬운 일은 어려운 일처럼, 어려운 일은 쉬운 일처럼 처리하라. 전자는 자신감에 들떠 경솔해지지 않기 위함이요, 후자는 미리부터 겁먹고 전의를 상실하지 않기 위함이다.

　일하기 싫을 때는 이미 그 일을 한 것처럼 생각해 버리면 된다. 성실함과 노력은 불가능한 일도 가능한 것으로 만든다. 자신에게 주어진 책임이 막중하더라도 우선은 그것을 잊어야 한다. 그래야 난관을 마주하는 것만으로 실천 의지가 마비되는 지경에 이르지 않을 수 있다.

업무에 대한 정보를 파악하라

자신의 일이 무엇인지 미리 알아보아야 한다. 업무의 다양성을 파악하려면 걸출한 식견과 주의력이 있어야 한다.

용기가 필요한 일이 있고, 냉정한 지성이 필요한 일이 있다. 정확성을 요구하는 일이 있는가 하면, 교묘한 말솜씨를 요구하는 어려운 일도 있다.

일을 해나갈 때 가장 어려운 것이 바로 사람을 다스리는 일이다. 특히 그 사람이 멍청이나 얼간이일 경우에는 더더욱 그러하다. 이성을 지니지 못한 자를 부리려면 두 배의 이성을 지녀야만 한다는 말이 있지 않던가.

정해진 시간이나 관례에 따라 처리해야 하는 일은 온 힘을 다 쏟아야 할 만큼 힘들고 고통스러우나 돌아오는 공은 적다. 오히려 남들에게 의존할 필요가 거의 없거나 혹은 아주 많은 직책일수록 대개 가장 큰 명성을 누린다.

가장 나쁜 직업은 그 일로 말미암아 직장뿐 아니라
다른 어느 곳에서도 늘 땀을 흘려야 하는 직업이다.

일의 본질을 파악하라

일의 본질을 파악하라. 쓸데없는 잡념에 가지를 치는 자가 많다. 피곤한 수다에 잎사귀를 무성하게 늘어뜨리는 자가 많다. 모두 일의 본질을 간과하는 것이다. 그들은 핵심 주변으로만 백번 맴돌며 자신과 타인을 지치게 할 뿐 정곡을 찌를 줄 모른다. 이는 이해력 부족의 소산이다. 본질을 파악하지 못하는 자들은 거기서 벗어나지 못한다. 그들은 내버려두어야 할 일에 시간과 인내심을 탕진해버렸기 때문에 정작 붙들어야 할 일이 생기면 속수무책이 된다.

최초가 되라

'최초'라는 타이틀을 가지는 것은 크나큰 영광이다. 여기에 탁월함까지 더해진다면? 두 배로 영광스러울 일이다.

앞서간 자들이 없었다면 해당 분야에서 불사조가 될 이가 몇몇 있다. 어떤 분야에서든 '최초'는 범접할 수 없는 명예와 부를 가진 셈이다. 이제 남은 자들은 나머지 재산을 두고 치열한 다툼을 벌여야 한다. 그러나 그들은 어떤 노력을 기울여도 '표절'이라는 오명을 떨쳐낼 수 없다. 하나의 분야에서 두 번째가 되기보다는 다른 분야에서 첫 번째가 되기를 원하는 경향은 바로 이 때문이다.

공연히 끼어들지 말라

공연히 끼어들어 물의를 일으키지 말라. 누군가는 매사에 입방아 찧기를 좋아하고, 누군가는 만사에 참견하기를 즐긴다. 그들은 모든 일을 심각하게 받아들이고 거기에서 늘 다툼의 소지를 찾아내거나 남들 앞에서 감춰야 할 사안을 만들어내 공론화한다. 그러니 성가신 일에 진지하게 뛰어들어서는 안 된다. 그랬다가는 불편한 시기에 부적절한 일과 엮이기 십상이다.

한 귀로 듣고 한 귀로 흘려버려야 할 일을 가슴 깊이 담아두지 말라. 중대한 일은 거들떠보지 않고 그대로 둔 채 실상 아무것도 아닌 일에는 공을 쏟는 경우가 얼마나 많은가. 그런 부당함에서 벗어나기란 시간이 지날수록 어려워진다. 때로는 내버려두는 것도 일을 해결하는 방식 중 하나다.

144

내버려두라

내버려두는 지혜를 지녀야 한다. 인생에는 열정의 소용돌이와 폭풍이 있게 마련이니, 그럴 때면 얕은 물가의 부두에 안전하게 정박하는 것이 현명한 선택이다.

의사는 어떤 상황에서 어떤 병에 맞닥뜨리든 처방전을 쓰는 데 필요한 만큼의 지식을 갖추어야 한다. 그런데 처방전을 쓰지 않는 것이 더 뛰어난 효과를 발휘하기도 한다. 손 떼고 지켜보는 것 말고는 커다란 소용돌이를 달리 잠재울 방도가 없는 경우도 있다. 그럴 때는 양보하라. 지금의 양보가 나중의 승리를 보장해 줄 것이다.

자그마한 돌멩이 하나로 연못이 진흙탕이 되었다면 가만두라. 어떤 조치를 취해도 물이 다시 맑아지지 않는다. 잠자코 기다려라. 갈등과 혼란이 일 때는 일이 그저 흘러가도록 두고 보는 것이 최상의 대책이다. 시간이 지나면 어차피 잠잠해질 것이다.

145

절제에 대하여

절제는 현명함의 확고한 증거다. 혀는 야생의 짐승과 같아서 한 번 풀어주면 다시 잡아 가두기 어렵다. 말을 아껴야 할 사람일수록 절제하지 못하니, 참으로 비통하다.

부탁의 기술

부탁의 기술을 익혀라. 누군가에게는 부탁하는 게 가장 쉬운 일이고, 누군가에게는 부탁하는 게 가장 어려운 일이다.

아무것도 거절하지 못하는 자들이 있는데, 그들에게는 만능열쇠를 쓸 필요가 없다. 그런가 하면 무슨 말이든지 우선 거절부터 하는 자들이 있다. 그들에게 부탁할 때는 재치가 필요하다. 그런 경우가 아니라면 누구한테든 부탁할 때는 적당한 기회를 살피는 태도가 필요하다. 갑작스럽게 부탁해야 할 경우라면 그들이 기분 좋을 때를 노려라. 그러나 앞일을 예측하는 상대방의 능력이 나보다 뛰어나다면 부탁을 삼가라.

사람들은 기분 좋을 때 기꺼이 호의를 베푼다. 기쁨이 충만하여 안팎으로 즐겁기 때문이다. 그러나 어떤 이가 거절당하는 것을 보았다면 부탁하기를 멈추라. 상대방은 그야말로 거리낌 없이 거절할 것이기 때문이다.

슬픈 일을 당한 직후 또한 부탁하기에 좋은 시기는
아니다. 부탁해야 할 상대가 그리 인색하지 않은 사람
이라면 슬픈 일이 일어나기 전에 미리 의무를 지워주
는 것이 낫다.

거절하는 기술을 익혀라

거절하는 기술을 익혀라. 모든 사람을 포용할 수 없는 만큼 수많은 요구를 다 받아들일 필요는 없다. 포용하는 기술을 익히는 것만큼이나 거절하는 기술을 익히는 것도 중요하다.

대중의 '예'보다 나의 '아니오'가 더 높이 평가받을 수도 있다. 무조건적인 '예'보다 품위를 지닌 '아니오'가 더 큰 만족감을 주기 때문이다.

입만 열면 '아니오'를 연발하는 자들은 항상 상대방의 기분을 언짢게 만든다. 그들의 첫마디는 늘 '아니오'다. 그들이 뒤늦게 수긍한다 해도 상대방은 이미 상처를 받았음이다.

처음부터 대뜸 실망을 안겨줘서는 안 된다. 부탁하는 이가 실망을 단계적으로 느끼도록 하라. 무언가를 완전히 거절해서도 안 된다. 원천적인 거절에 상대방도 포기해버리기 때문이다. 따라서 좌절의 쓴맛을 조금은 완화해줄 일말의 달콤한 기대감을 늘 남겨두라.

그러다가 끝내 거절당한 상대방의 공허함을 예의 바르게 메워주어라.

적당한 선을 지켜라

적정선만 지켜라. 그리하면 유쾌한 기질도 재능으로 인정받을 수 있다. 위대한 인물들은 때때로 익살을 부려 인기를 한 몸에 받는다. 그러나 익살을 부리는 상황에도 그들은 현명한 면모나 예의를 잃지 않으며 올바르게 처신하려고 힘쓴다.

때로 그들은 곤란한 상황에서 최대한 빨리 빠져나오려고 농담을 활용한다. 실제로 농담으로 받아들일 수밖에 없는 상황들이 있기도 하다.

이렇듯 농담은 일상에 평화를 부여하기도 하는데, 이는 상대방의 마음을 잡아당기는 자석과도 같다.

훌륭한 결말을 위해 노력하라

훌륭한 결말을 위해 노력하라. 흔히 결과보다 과정이 중요하다고 한다. 그래서 목적지에 성공적으로 도달하는 것보다 목적지까지 가는 동안 방법을 엄격히 준수하는 데 더욱 신경 쓰는 이들이 있다.

그러나 세심한 준비에 대한 찬사의 목소리보다는 실패에 대한 비방의 목소리가 더 높은 것이 세상의 법칙. 승리한 이는 변명 따위가 필요치 않다. 불만스러운 자들이 아무리 과정을 트집 잡더라도 훌륭한 결말은 결국 모든 것을 황금처럼 빛나게 만든다. 행복한 결말 실현을 위한 대책이 없다면 때때로 규칙을 거스르는 것도 하나의 기술이다.

행복할 때 불행에 대비하라

행복한 순간 불행에 대비할 줄 알아야 한다. 행복한 시절에는 굳이 애쓰지 않아도 환심을 얻을 수 있고 친구도 넘쳐난다. 훗날 모두가 내게 등 돌릴지 모를 불행한 시절을 대비해 그 가치들을 소중히 지켜라.

특히 친구, 그리고 내게 의무감을 느끼는 사람들과의 관계를 잘 유지해야 한다. 지금 소중하다고 생각되지 않는 것들이 아쉬운 때가 반드시 오게 마련이다.

§
꿈을 품어라.
꿈이 없는 자는
아무런 생명력도 없는 인형과 같다.
§

포용에 대하여

독창적인 생각을 가져라. 평범한 것과는 거리가 있는 생각을 할 줄 알아야 한다. 이는 남보다 우월한 지성을 지녔다는 증거다. 내 말에 절대 반박하지 않는 자를 높이 사지 말라. 그들은 나에게 애정을 가진 것이 아니다. 그저 자신들에게 애정을 지녔을 뿐이다.

이따금 비난을 받는 것도 일종의 명예이다. 특히 탁월한 이들을 비판하는 무리로부터 비난받음으로써 오히려 이름을 날릴 수 있다. 내가 하는 말과 행동이 모두를 두루 만족시킨다면 그것이 차라리 슬픈 일일 수 있다. 그 말과 행동이 어떠한 가치도 없다는 뜻이기 때문이다.

뛰어난 것을 받아들일 수 있는 사람이 되라.

결함을 대하는 자세

자기 나라의 사회적 결함에 대해 먼저 나서서 비판하지 말라. 아무리 지식인이 많은 나라일지라도 고유한 결함은 있다. 이웃 국가들은 자국의 보호를 위해, 혹은 경고의 목적으로 타국의 결함을 꼬집으려고 한다. 고로 자국의 결함을 드러내지 않으려는 것은 약점을 잡히지 않으려는 방안이다.

자국의 결함에 대한 바람직한 대처는 개선 혹은 최소한 감추는 것이다. 그리하면 비슷한 부류들 중에서 군계일학이라는 명성을 얻을 수 있다. 사람들은 가장 기대하지 않았던 부분을 가장 높이 평가하는 경향이 있기 때문이다.

한편, 이러한 결함은 가족·신분·직업·연령 등에서도 존재함을 기억하라.

남의 약점을 잘 이용하라

　남의 약점을 잘 이용하라. 남의 약점은 상대방에게 매우 효과적인 도구가 된다. 철학자들은 약점이나 결함이 아무것도 아니라고 했지만, 정치가들은 그것이야말로 모든 걸 의미한다고 했다. 후자들의 생각이 옳다.

　남이 무언가를 갈망할 때 그것을 자신의 목적 달성에 이용할 줄 아는 이들이 있다. 그들은 기회를 놓치지 않고 상대를 자극한다. 원하는 것을 갖는다는 게 얼마나 어려운 일인지를 늘어놓으며 상대의 입맛을 자극한다. 물론, 그들은 막상 원하는 것을 가졌을 때의 무덤덤함보다는 가지기 전의 아쉬움을 더 강조한다.

　인간은 손에 넣기 어려운 것일수록 더더욱 갈망한다. 내 목적 달성을 위해 남이 내게 의존하도록 만드는 기술은 얼마나 세련된 재주인가.

품위에 대하여

　자신의 관심사가 아니라도, 품위를 손상시키지 않거나 중대한 영향력을 미치는 일이라면 동참하라. 너무 중요한 인물이 되지도, 남들이 다 혐오하는 인물이 되지도 말아야 한다. 이는 고결한 인품을 지니기 위한 길이다.

　대중의 호감을 사기 위해서는 때로는 체면도 포기할 줄 알아야 한다. 남들이 다 좋아하는 것이라면 자신의 취향이 아니어도 때때로 좋아해야 한다는 의미다. 그러나 품위를 떨어뜨릴 일이라면 굳이 그렇게 할 필요는 없다. 어쩌면 그로써 오랫동안 노력해서 쌓은 명예를 한순간의 즐거움으로 날릴 수 있다.

　그러나 어떤 일에서 늘 발을 빼기만 해서는 안 된다. 독단적 태도는 결국 나머지 모두를 비판하는 것이나 다름없기 때문이다. 더욱이 어울리지 않게 우아한 척하는 것도 옳지 않다. 이는 종교적 문제에서도 마찬가지다. 그러한 태도는 조롱만 살 뿐이다.

기품 있는 사람

모든 일에서 고결하고 자유로우며 편견 없는 기품을 지닐 수 있도록 노력하라. 이러한 자질은 재능을 구성하는 핵심이요, 한 인간을 꾸미는 최고의 장식품이다. 우리가 갖춘 각각의 완벽함은 우리의 인품을 장식하는 도구인 반면, 기품은 그야말로 완벽함 그 자체다.

기품은 사고방식에서도 드러난다. 기품은 자연이 그에게 내린 선물일 때가 많다. 교육을 많이 받았다고 해서 쉽게 갖출 수도 없다. 교육으로도 도달할 수 없는 경지이기 때문이다.

기품은 용기와 더불어 과감함을 부여한다. 기품은 어떤 것에도 휘둘리지 않는 사람을 더욱 완벽하게 설 수 있도록 해준다.

기품이 없다면 최고의 아름다움도 죽은 것이요, 어떠한 우아함도 빗나간 것일 뿐이다. 기품은 용기, 현명함, 신중함, 나아가 위엄까지 모든 것을 뛰어넘는다. 기품은 일을 재빨리 마무리하게 해주는 장치이자

우아하게 곤경에서 벗어나도록 해주는 세련된 갑질
이다.

단련하여 품격을 높여라

자연과 기술의 조화를 보라! 자연은 소재가 되고 기술은 자연을 작품이게 한다. 아름다움은 가꾸지 않으면 지속되지 않는다. 아무리 완벽한 아름다움도 기술로써 그 품격을 높이지 않으면 야만의 상태일 수밖에 없다. 즉, 기술은 나쁜 점들을 보완하고 훌륭한 것들을 완성한다.

자연은 우리가 최상의 것들을 얻으려는 찰나에 우리를 저버린다. 이때 기술을 피난처로 삼을 수 있다. 기술 없이는 아무리 천연의 아름다움을 간직한 것이라도 무지한 상태에서 벗어나지 못한다. 기술이 더해지지 않으면 아무리 완벽한 것이라도 반쪽짜리에 지나지 않는다. 기술을 단련하지 않으면 그저 거친 상태에 놓인 것과 다름없다. 모든 면에서 완벽함을 연마하라.

매력에 대하여

매력을 지니고 가꾸라. 매력은 지혜롭고 예의 바른 이가 행하는 마술이다.

자신의 유쾌한 성격을 이익을 얻는 데 쓰지 말라. 그보다는 호감을 얻는 데 더 많이 써야 한다. 물론 두 가지 모두에 이용하는 것도 나쁘지 않다.

호감이라는 뒷받침이 없다면 많은 공적을 세워도 기분 좋게 인정받지 못한다. 호감이야말로 진정한 박수갈채를 이끌어낸다.

남들에게 카리스마를 발휘하고 자신의 의도대로 따르도록 하기에 가장 유용한 도구는 인기를 얻는 것이다. 인기란 실상 운이 따라야 얻을 수 있다. 그러니 인기를 북돋우기 위한 재주를 길러라.

상대방의 의도를 간파하라

　행간의 숨은 뜻을 이해할 줄 알아야 한다. 제대로 말할 줄 아는 것은 기술 중의 기술로 여겨졌으나 지금은 그것만으로 충분치 않다. 그와 더불어 예측 능력도 필요하다. 착각이 산산조각 나서 괴로워질 소지가 있는 분야라면 더더욱 그러하다. 상대방의 마음을 제대로 읽고 의도를 간파할 수 있어야 한다. 가장 알고 싶어하는 진실은 그 모습을 온전히 드러내지 않는다. 주의 깊은 자들만이 그 뜻을 완전히 이해할 수 있다. 그들은 유쾌한 일에서는 늘 신뢰의 고삐를 바짝 당기지만, 불쾌한 일에서는 항상 박차를 가한다.

동기를 파악하라

상대방의 동기를 찾아내 또 다른 사람의 의지를 움직이게 만들어라. 단, 그 사람들을 언제 개입시킬 것인지도 알아야 한다.

누구나 우상을 좇는 시대다. 그 우상은 명예일 수도, 이익일 수도, 기쁨일 수도 있다. 누가 어떤 우상을 좇는지 파악하고 그를 자극하는 것은 대단히 수준 높은 기술이다.

누군가를 효과적으로 자극할 방법을 알면 그의 의지를 움직일 열쇠를 손에 쥔 것과 같다.

먼저 가장 중요한 동기, 즉 원동력을 자극하라. 그 원동력은 고결한 동기일 때보다 저급한 동기일 때가 훨씬 더 많다. 그런 다음 상대방의 기분을 요리하고, 이어 확실한 말로 자극을 주어라. 마지막으로 상대방이 어쩔 수 없이 무너지는 지점을 공략하라. 이제 상대방의 자유의지는 어디로도 빠져나갈 수 없다.

호감 가는 인물이 되라

　호감 가는 인물이 되라. 국가를 다스리는 자는 호의
적 태도를 통해 매우 많은 것을 얻을 수 있다. 대중도
호감 가는 성품을 지닌 통치자에게 호의를 보인다. 최
고 권력자가 누릴 유일한 특권은 그 누구보다 더 많은
선을 베풀 수 있다는 것이다.

미리 호의를 베풀어라

훗날 상여금을 지급해야 한다면 차라리 지금 가불해주어라. 이는 탁월한 지혜를 지닌 이들이 활용하는 비법이다. 상대방을 구속할 줄 아는 이들은 상대가 일하기 전에 미리 호의를 베푼다.

미리 베푼 호의에는 두 가지 장점이 있다. 첫 번째 장점은, 주는 쪽에서 서두를수록 받는 쪽에서는 더 큰 의무감을 느낀다는 것이다. 두 번째 장점은, 어차피 주어야 할 걸 미리 줌으로써 상대방을 구속할 수 있다는 것이다. 이는 의무를 지닌 자를 바꿔치기하는 교묘한 기술이다. 미리 지급함으로써 일을 시키는 이의 보상 의무가 지급받은 이의 노동 의무로 탈바꿈하는 것이다.

그러나 천성이 저급한 자들은 선불로 받은 것을 박차보다는 고삐로 여기는 폐단이 있으니 주의해야 한다.

평범함을 피하라

어떤 일에서든 평범함을 피해야 한다.

첫째, 취향에서의 평범함을 피해야 한다. 위대한 현자는 자신의 말에 만족해하는 대중을 보고 참담해하였다! 지각 있는 이는 대중의 평범한 박수에 만족하지 않는다. 그러나 대중의 반응에 좌우되는 카멜레온 같은 자들은 아폴로*의 부드러운 입김이 아니라 수많은 대중의 숨소리에서 기쁨을 느낀다.

둘째, 지성적 측면의 평범함을 피해야 한다. 대중의 감탄 속에서 즐거움을 찾지는 말라. 그들의 무지함은 우리를 그 감탄 속에서 헤어나지 못하게 만들 뿐이다. 우둔한 대중은 탄성을 지르고, 지성인은 그 속에서 거짓을 발견한다.

---

* 아폴로: 그리스 신화의 아폴론으로, 태양 마차를 몬다.

계단에서 내려서지 말라

때로 인간적인 모습을 보여주는 것이 오히려 평가를 더 깎아내리기도 한다. 인간적인 모습을 드러내는 순간, 사람들은 그를 더 이상 신처럼 여기지 않는다.

명예를 얻는 데 가장 큰 장애물은 경솔함이다. 끝까지 신중함을 유지하는 이는 인간 이상의 대접을 받지만, 한 번이라도 경솔함을 보이는 자는 인간 이하의 푸대접을 받는다.

애정 어린 존경심을 얻어라

　대중의 존경심에 애정이 더해지면 이보다 더 큰 행복은 없다. 과도한 인기는 존경심에 독이 되곤 한다. 사랑은 증오보다 더 흔들리기 쉽기 때문이다.

　애정과 존경은 여간해서는 결합되지 않는다. 크게 존경받기에 그 영향력을 의식해 의견 표명을 미루어선 안 된다. 이렇듯 뒤로 물러나 있어서도 안 되지만 너무 인기 있는 사람이 되는 것도 바람직하지 않다.

　애정은 신뢰를 동반하지만, 애정이 한 걸음 나아가면 존경심은 한 걸음 물러서곤 한다. 그러니 감정에서 비롯된 애정보다는 존경심에서 비롯된 애정을 얻는 데 힘써라. 그것이 모두에게 사랑받는 길이다.

행복과 명성

　행복과 명성을 보자면 전자처럼 가변적인 것도, 후
자처럼 불변하는 것도 없다. 전자는 삶에 해당하고, 후
자는 그 이후에 해당한다. 또한 전자는 질투심에 대항
하는 수단이고, 후자는 망각에 대항하는 수단이다. 행
복은 날 때부터 바라며 장려하는 것이고, 명성은 획득
하는 것이다. 고금을 막론하고 거물과 뗄 수 없는 명성
은 극단적인 자, 괴이한 자, 비범한 인물, 혐오의 대상,
갈채의 대상 뒤를 늘 따라다닌다.

성숙한 자세에 대하여

성숙함은 외면보다는 고결한 내면에서 더 큰 빛을 발한다. 성숙한 이는 자신의 재능을 과시하지 않는다. 이러한 자세가 오히려 사람들의 존경을 자아낸다.

침착한 태도는 영혼의 얼굴이다. 어리석은 자들이 부리는 고집은 침착함이 아니다. 침착함은 경솔함에서 비롯되는 것이 아니다. 차분한 권위 속에서 찾아볼 수 있는 것이다.

성숙함은 완전함을 요구하고 인간의 완전함은 성숙 정도에 의해 좌우된다. 어린아이처럼 굴던 짓을 중단하라. 이로써 진지함과 권위를 얻을 수 있다.

자신을 드러낼 줄 알라

자신을 드러낼 줄 알라. 이는 재능 있는 이가 빛을 발하는 방식이다.

재능 있는 이에게는 꼭 적절한 시기가 주어지게 마련이다. 그러니 항상 신경을 기울이고 있다가 기회가 왔을 때 반드시 이용해야 한다. 승리를 자랑할 수 있는 나날은 그리 많지 않기 때문이다.

사소한 것도 자랑거리로 만들고 중대한 일은 감탄거리로 포장하는 기술을 지닌 이들이 있다. 탁월한 재주를 갖춘 데다 그 재주를 뽐낼 기회를 놓치지 않는 재능까지 더해지면, 그들은 기적에 가까운 사람이라는 명성을 얻는다.

과시하기 좋아하는 국가들도 있다. 에스파냐는 그중에서도 최고를 자랑한다. 창조의 산물들도 빛이 있어야 그 모습을 드러낼 수 있다. 이처럼 '과시'는 많은 것을 채우고 많은 것을 대체하며 모든 것에 제2의 생명을 부여한다. 내용이 건실할 때는 더더욱 그러하다.

완벽함의 대명사인 하늘도 기울기를 이용하여 태양과 조화를 이루고 자신을 과시하지 않던가. 하늘에 정점만 있어도 이상할 것이고 기운 면만 있어도 옳지 않아 보일 것이다.

이렇듯 자신을 드러내는 데도 기술이 필요하다. 시기를 맞추지 못하면 한껏 자랑해봤자 볼썽사나울 뿐이다.

자기과시에서 무엇보다 주의해야 할 점은 허세를 부리지 않아야 한다는 것이다. 허세의 행위는 허영심과 그 경계가 맞닿아 있기 때문이다. 그리고 허영심과 맞닿은 자기과시는 경멸을 유발하기 때문이다. 천박하다는 평가를 듣지 않으려면 자기과시를 절제하라.

현명한 이는 지나친 자기과시를 경계한다. 그들은 자신의 완벽함을 경솔하게 겉으로 드러내기보다 차라리 묵묵함을 택한다. 재능을 지혜롭게 감춤으로써 오히려 가장 효과적으로 과시하는 것이다. 상대편은

이쪽에서 감출 때 가장 큰 호기심을 발동한다. 그러니 자신의 완벽한 구석구석을 한꺼번에 드러내는 대신 하나씩 드러내며 명성을 차츰 쌓아가는 것도 지혜로운 기술이다.

위대한 이들은 뛰어난 공적을 담보로 삼아 첫 번째 박수를 얻고, 그 안에 다음번 박수에 대한 기대를 포함시킨다.

유능한 사람이 되라

겉으로 유능한 것처럼 보이려 하지 말고 진짜로 유능한 사람이 되어야 한다.

특별히 중요한 일을 하느라 바쁜 척하는 자가 많다. 그들은 매사를 신비해 보이도록 포장하지만, 실상 그 방법이 유치하기 짝이 없다. 그들은 비웃음의 마르지 않는 원천이 된다. 허영심은 늘 혐오의 대상이지만, 이 경우에서는 조롱의 대상이다.

설령 남보다 뛰어난 재주를 지녔다고 하더라도 그 것을 과시하지 말라. 조용히 행동만 하고 말은 남들이 하도록 두어야 한다. 행동은 하되 그 행동을 팔려고 하지 말라. 영웅처럼 보이기보다는 영웅이 되기 위해 힘써야 한다.

침착함을 유지하라

　흥분을 자제하라. 분노하거나 열광한 짧은 순간에
대한 소문이 담담하게 보낸 긴 시간에 대한 말보다 더
멀리 전달된다. 때로는 아주 짧은 순간이 평생을 망치
기도 한다.

　누군가는 우리의 이성을 시험대에 올리기 위해 술
수를 부리기도 한다. 그들은 우리의 내면 깊은 곳을 들
여다보려 하고, 현명한 이가 이성을 상실할 만한 건수
를 찾았다 싶으면 그곳을 가차 없이 공략한다.

　말이란 내뱉는 사람에게는 매우 가벼울 수 있지만,
그것을 받아들이고 저울질하는 사람들에게는 매우 무
거워질 수 있다.

흥분을 가라앉혀라

흥분된 상태에서는 어떠한 행동도 삼가라. 그렇지 않으면 만사를 그르칠 뿐이다.

제정신이 아닌 상태에서 자기한테 이익이 될 행동을 할 사람은 거의 없다. 이는 흥분된 감정이 지성을 자꾸만 밀어내기 때문이다. 그렇기에 항상 이성적인 중재자를 옆에 둘 필요가 있다. 감정이 쉽게 동요되지 않는 중재자가 일을 해결하도록 하는 것이다. 장기를 직접 두는 사람보다는 옆에서 훈수하는 사람이 더 많은 것을 보지 않던가. 이는 훈수꾼이 더 냉정하게 판단할 수 있기 때문이다.

이성을 제어하지 못할 것 같은 기미가 느껴진다면 즉시 한 걸음 물러나라. 이것이 현명한 지혜다.

과시하지 말라

 남들에게 자신의 행운을 과시해서는 안 된다. 지위나 작위로 뽐내는 짓은 인품을 지니지 못했음을 스스로 드러내는 것이요, 상대방을 모욕하는 행위이다. 사람들은 으스대는 자를 싫어한다. 그러니 과시하는 행위는 시기심을 조장할 뿐이다. 자기 자랑을 할수록 상대의 존경심은 점점 사라진다.

 존경심이란 남들에게서 비롯되는 것이다. 내가 원한다고 마음대로 취할 수 있는 게 아니다. 먼저 존경심을 살 행동을 한 다음, 남들의 존경을 바랄 수밖에 없다.

 고위직에 있다면 그에 상응하는 평판이 따라야 일을 잘 수행할 수 있다. 그러니 직무수행을 위해서라도 사람들로부터 꼭 필요한 만큼의 경외심은 얻어야 한다. 하지만 자기를 존경해달라고 강요할 수는 없다. 노력을 통해 자기를 존경할 수밖에 없게 만들어야 한다. 직책을 두고 으스대는 것은 자기가 그 직책에 합당한 인물이 아님을 드러내는 것과 같다. 또한 그 직무가 자기 어깨를 짓누르고 있다는 사실을 스스로 폭로하는 것이나 다름없다.

평정심을 유지하라

  절대적으로 평정심을 유지하라. 지혜로운 사람이 반드시 갖춰야 할 한 가지 요소는 침착함이다. 절대로 흥분하지 않아야 한다. 완전한 사람은 온화하고 너그러운 마음씨를 지녔기에 좀처럼 흥분하지 않는다.

  자기 자신을 완벽하게 조절할 수 있어야 한다. 몹시 행복할 때도, 매우 불행할 때도 그 감정을 사람들에게 드러내서는 안 된다. 어떤 상황에서든 담담하고 침착하게 행동하면 사람들의 감탄을 얻을 수 있다.

인생에 대하여

천국에는 기쁨밖에 없고, 지옥에는 슬픔밖에 없다. 하지만 그 중간인 세상에서는 기쁨과 슬픔이 공존한다. 운명은 손바닥처럼 뒤집힐 수 있다. 행복하기만 한 일도, 슬프기만 한 일도 없다.

이 세상은 숫자 영(零)과 같다. 혼자서는 아무것도 아니지만, 천국과 연계되면 세상은 많은 것을 의미한다.

운명의 변화를 담담하게 받아들이는 것이 좋다. 그때마다 야단법석을 떠는 것은 현명하지 못한 처사다. 우리 삶은 연극처럼 꼬이고 또 꼬였다가 결국에는 풀리고 다시 풀리고 또 풀린다. 따라서 인생의 행복한 대단원을 맞이하는 데 힘써야 한다.

관찰력과 판단력

날카롭게 관찰하고, 날카롭게 판단하라. 이 두 가지 재능을 지니면 세상에 지배당하지 않는다. 이 두 가지 재능을 지니면 사람을 대할 때도 상대방을 이해하려 하며 그 내면을 보고 판단한다. 밀도 깊은 관찰력으로 상대의 마음속 숨은 뜻을 완벽하게 꿰뚫는다. 이로써 오히려 세상을 지배할 수 있다.

날카롭게 관찰하고 철저하게 파악하며 올바르게 판단하라. 모든 것을 파헤치고, 관찰하고, 파악하고, 이해하라.

얼만큼의 행복을 얻을 수 있을까

어떤 일에서 자신에게 얼만큼의 행복이 주어질지를 따져보아야 한다. 그 후에 행동하라.

항상 따져본 후 일에 뛰어들어야 한다. 이는 자신의 기질을 관찰하는 작업보다 더 중요하다.

기대를 통해 행복을 이끌어내는 것은 매우 훌륭한 기술이다. 기대하는 것 또한 행복을 얻기 위한 작업이기 때문이다. 그러다 보면 때가 도래하여 기회를 획득할 수 있고, 이로써 행복을 얻을 수 있기 때문이다.

행복은 정해진 단계에 따라 실현되는 것이 아니기에 행복이 나타나는 과정을 배우고 익힐 수는 없다. 다만, 때를 기다리던 이들은 기회가 왔다고 생각되는 순간 담대하게 전진해 나아간다.

행복은 여인이 청년을 사랑하는 것 같은 열정으로 담대한 자들 을 사랑한다.

그러나 불행이 닥칠 때는 아무것도 하지
않고 차라리 한 걸음 물러서라. 그래야 지금
머리 위에 드리운 불운의 장막에 또 다른 불
운의 장막이 드리워지는 것을 피할 수 있다.

직업을 택하는 기준

평판이 나쁜 직업을 멀리하라. 존경심은커녕 멸시만 받게 되는 기괴한 직업은 더더욱 피해야 한다. 지혜로운 이들이 외면하는 일들에 흥미를 느끼고 그것들 속에서 만족해하는, 이상한 취향을 지닌 자들이 있다. 그들을 누가 존경하겠는가. 설령 추종하는 자가 있더라도 결국 조롱의 대상이 되고 만다.

신중한 사람은 지혜를 전달하는 직업에 종사하더라도 두드러지지 않고, 그 가르침을 따르는 자들을 조롱거리로 만드는 행위도 하지 않는다.

의사를 정확히 전달하라

　의사를 전달할 때는 두 가지를 명심하라. 명료하게 전달할 것, 생생하게 전달할 것.

　남의 말은 잘 알아듣지만 자기 말은 제대로 전달하지 못하는 이들이 있다. 이는 임신은 쉽게 해도 아이를 낳을 때 고통을 겪는 것과 유사하다. 명료함이 결여되면 영혼의 자식들, 즉 생각과 결정이 세상의 빛을 편히 보지 못한다. 많은 것을 담을 수 있지만 밖으로 따라내지 못하는 그릇 같은 이들이 있는가 하면, 머릿속에 든 것보다 훨씬 더 많은 말을 꺼내놓는 이들이 있다.

　의지에 강인한 결단력이 필요하다면, 지성에는 탁월한 표현력이라는 재능이 필요하다. 두 가지 모두 뛰어난 재주다. 빛처럼 선명하게 표현하는 재주를 지닌 현명한 이들에게는 박수가 주어진다. 혼란 그 자체인 자들도 때로는 존경받는다. 아무도 그들의 말을 이해하지 못하기 때문이다.

　평범하다는 말을 듣지 않기 위해서라도 자신의 의

사를 불분명하게 표현해야 할 때가 있다. 하지만 분명한 개념으로 생각을 표현하지 않는 연사를 청중이 어떻게 이해하겠는가?

철학에 대하여

선입견을 가지지 말라, 현명한 문명인이 되어라, 철학에 조예가 깊은 궁정인이 되어라. 우리는 이 세 가지의 속성을 모두 갖추어야 한다. 세 가지를 가진 것처럼 보이려고 애쓰라는 말이 아니다. 그런 인물인 척 위장하는 것은 옳지 않다.

철학은 한때 현자들이 최고로 여기던 분야였다. 지금, 사상가들의 업적에 대한 경외심은 어느덧 모두 사라졌다. 철학은 한물간 학문으로 평가받는다. 그러나 허상을 찾아내는 작업이 사상가들에게는 양분이 되어왔음을, 덕망 있는 자들에게는 기쁨이 되어왔음을 기억하라.

인생이라는 여행

　인생을 현명하게 배분할 줄 알아야 한다. 휴식이 없는 삶이란 숙소에 들러 지친 몸을 돌보지 못한 채 긴 여행을 해야 하는 것만큼이나 고단하다.

　다양한 지식은 커다란 기쁨을 안겨준다. 그러니 인생이라는 여행 첫날에는 이미 세상을 떠난 이와 교감을 나누는 것이 좋다. 삶의 목적은 무언가를 배우고 우리 자신을 아는 것이다. 그러기 위해 진리가 담긴 책들을 읽고 참된 인간으로 성장해야 한다.

　여행 둘째 날은 살아 있는 이들과 함께 보내라. 세상의 좋은 것들을 최대한 많이 보고 마음에 새겨라. 한 나라 안에서 모든 것을 다 볼 수는 없으니, 시선을 달리하는 게 좋다. 세상이라는 아버지는 자신의 재산을 여러 곳에 나누어두었다가 가장 못난 자식에게 가장 많은 것을 준다고 하지 않던가.

여행 셋째 날은 자기 자신과 함께 시간을 보내라. 셋째 날의 철학적 사유야말로 인생의 가장 큰 기쁨이다.

위대한 결과는
위대한 출발에서 나온다.

현명하게 행동하라

흠집만 찾는 자가 되어서는 안 된다. 현명한 이가 되는 것이 더 중요하다. 쓸데없이 많은 것을 아는 자는 튀어나온 바늘과 같아서 쉽게 부러지고 만다.

명백한 진실만이 안전을 보장한다. 지성인이 되는 것은 옳지만, 수다쟁이가 되는 것은 옳지 않다.

장광설과 논쟁은 사촌지간이다. 사물을 있는 그대로 들여다보고 본질을 파악하라. 더 이상의 것을 억측하지 않는 견실함을 갖춘 지성인이 되어야 한다.

상황을 보는 눈을 길러라

물러설 줄 아는 사람이 되라. 거절할 수 있는 사람이 되는 것이 인생 최대의 원칙이라면, 그보다 더 중요한 것은 일에 대해서건 사람에 대해서건 물러설 줄 알아야 한다는 사실이다.

값진 시간만 좀먹는 쓸데없는 일들이 분명 존재한다. 부당한 일을 하는 건 아무것도 하지 않는 행위보다 더 나쁘다.

신중한 이들은 자신들이 남의 일에 주제넘게 참견하지 않는 것만으로 만족하지 않는다. 그들은 남들도 자신들의 일에 간섭하지 않을 것을 요구한다. 그러니 자기 일이 아닌 일에 무작정 끼어들지 말아야 한다. 나아가 자신의 이익을 위해 친구들을 이용해서도 안 되고, 상대방이 바라는 것 이상의 그 무엇을 요구해서도 안 된다.

정도가 지나쳐서 득이 되는 경우는 전혀 없다. 특히 사람 사귐에서는 더더욱 그러하다.

말에 대하여

화살은 몸을 뚫지만 사악한 말은 영혼을 뚫는다. 말로 갚지 못할 것은 거의 없다. 말은 불가능한 것마저 가능하게 만든다.

입속에 늘 설탕을 머금고 다녀라. 그리하여 말을 내뱉을 때 달콤함을 더하라. 그러면 철천지원수라도 나의 말을 감미롭게 받아들일 것이다.

남들에게 호감을 사기 위한 가장 좋은 방법은 평화를 유지하는 것이다.

경쟁자에 대하여

굳이 누군가의 경쟁자가 될 필요는 없다. 소모적인 경쟁은 평판에 흠집을 낼 뿐이다. 경쟁자들은 경쟁을 시작하는 즉시 비방을 일삼고 나의 머리 위에 그림자를 드리운다.

경쟁은 상대방에 대한 공공연한 비방으로 시작된다고 해도 과언이 아니다. 해도 될 말, 해서는 안 될 말을 가리지 않은 채 쓸 수 있는 모든 수단을 동원해 전력을 다한다. 공정한 방법으로 경쟁하는 이는 얼마나 드문가. 너그러운 이들에게는 보고도 눈감아줄 만한 흠집들이지만, 경쟁자들은 이를 찾아내 공격의 대상으로 삼는다. 경쟁의 열기는 이미 오래전에 잊힌 구설수에 새 생명을 불어넣고 땅속 깊이 묻힌 갈등의 기억을 파헤쳐 다시 지상으로 끌어올린다.

지금까지의 역사를 보라. 호의적인 이들은 늘 평화 속에 살았고, 명성과 호평을 누리는 이들은 늘 호의를 지닌 인물들이었다.

184

경쟁자를 이기는 법

경쟁자와 헐뜯는 자를 이기는 법을 배워라. 경쟁자와 헐뜯는 자를 무시하는 것은 현명한 방법처럼 보이지만 충분치 않은 대응이다. 여기에 관대한 아량이 더해져야 한다. 자기를 비방하는 자들에 대해 좋게 이야기하는 것보다 더 칭찬받을 일은 없다.

더 나아가 그들의 비방에 흔들리지 않는 가운데 재능을 과시하고 공적을 쌓아라. 이보다 더 영웅적인 복수도 없다. 그렇게 함으로써 시기하는 자들을 제압하고 고문할 수 있다.

내가 행복의 계단을 하나씩 오를 때마다 나를 시샘하는 자들의 목은 밧줄에 옥죄인다. 미워하는 자가 명성을 얻을 때 그 경쟁자는 지옥을 경험한다. 이는 벌중에서도 최고의 형벌이다. 적의 행복이 그들에게는 독이 되기 때문이다. 게다가 시샘하는 자들은 단지 한번 죽는 것으로 그치지 않는다. 시기의 대상이 박수갈채를 받을 때마다 죽고 또 죽는다.

　누군가에게는 불멸의 명예인 것이 다른 누군가에게
는 커다란 고통이 된다. 전자는 늘 명예를 누리고, 후
자는 늘 고통에 신음한다.

판단에 대하여

　사람의 인품을 잘못 판단하는 오류를 범해서는 안된다. 이러한 실수는 가장 범하기 쉬운데, 때로 가장 안 좋은 상황을 불러일으키기도 한다.

　물건의 품질보다는 가격에 사기당하는 것이 낫다. 물건도 그렇거니와 사람은 더더욱 그 속을 들여다볼 줄 알아야 한다.

　사물을 고를 줄 아는 것과 사람을 볼 줄 아는 것, 똑같이 중요한 일이지만 두 가지의 경중은 비교할 수 없을 정도이다.

자기 자신을 엄격하게 대하라

자신에 대해 항상 주의를 기울여 평범한 인물로 전락하지 않도록 주의하라. 늘 자기 자신을 엄격히 대하고 올바르게 처신하라. 이로써 그 어떤 계율도 아닌 자기 자신을 기준으로 삼아라. 강인한 판단력의 기준은 언제나 자기 자신이어야 한다. 온당치 않은 일을 거부할 때도 외부의 엄한 규율이 아닌, 자기 자신의 통찰력에 따른 마음으로 거부해야 한다. 스스로 경지에 오르면 세네카*와 같은 상상 속 스승은 없어도 좋다.

* 세네카: 에스파냐 태생의 고대 로마 철학자. 스토아학파 철학자로, 훗날 네로의 스승이 되었다.

심사숙고하라

매사에 심사숙고하라. 특히 어떤 일에서 가장 중요한 문제가 무엇인지를 깊게 생각하는 버릇을 들여야 한다.

어리석은 자들은 제대로 생각하지 않기에 자멸한다. 그들은 문제를 제대로 짚어내지 못하기에 실체의 절반도 채 파악하지 못한다. 그들은 그러한 실정이 자신에게 어떠한 피해로 돌아올지, 얼마만큼의 이익을 놓치는지도 헤아리지 못한다. 오히려 아무런 노력도 기울이지 않음으로써 사소한 일에는 큰 가치를, 중요한 일에는 사소한 가치를 부여하는 등 매사를 거꾸로 판단하기 일쑤다. 이성이라는 게 아예 없기 때문에 이성을 잃을 수도 없는 자들이다.

사람마다 정도의 차이는 있겠지만, 현명한 이들은 대부분 매사에 심사숙고한다. 그들은 어떤 일을 해야할 근거, 혹은 하지 말아야 할 근거를 찾아야 할 때 더 깊이 생각하기를 망설이지 않는다. 또한 어떤 일 속에 자신의 짐작보다 훨씬 더 많은 의미가 내포되어 있을 것임을 의심하고 짚어본다. 이런 식으로 멀리 생각하고, 먼 미래를 근심하는 것이 지혜로운 이의 자세다.

인내에 대하여

　어리석은 자들을 보더라도 참을 줄 알아야 한다. 현명한 이들은 오히려 참을성이 부족하다. 지식이 쌓이는 동시에 조급함도 같이 쌓이기 때문이다.

　지성이 뛰어난 이를 만족시키기란 얼마나 어려운 일이던가. 그러나 에픽테토스*는 삶의 첫 번째 규칙이 바로 참을 줄 아는 것이라고 말했다. 인내심에 지혜의 절반이 숨어 있는 셈이다.

　그런데 우리가 가장 의지해야 할 사람들이 제일 견디기 어려운 이들일 경우가 있다. 그러나 이때가 바로 극기 훈련의 기회다. 참을성을 발휘하면 값으로 따질 수 없을 만큼의 평화가 창출되고, 이는 행복한 세상으로 이어진다.

　도저히 참을성이 발휘되지 않고 세상에 참아줄 수 있는 사람이 자신밖에 없는가? 그럴 때는 차라리 혼자 있는 편을 택하라.

* 에픽테토스: 로마의 스토아학파 철학자.

사소한 불행도 주시하라

아무리 사소해 보이는 불행이라도 과소평가해서는 안 된다. 불행은 홀로 오지 않기 때문이다. 행운과 마찬가지로 불행은 연쇄적으로 일어난다. 한 가지 불행은 모든 일을 실패로 돌리기에 충분하다.

불행은 자기 자신은 물론이고 자신의 견해와 길잡이가 되어주던 별에 이르기까지, 모든 것을 잃게 만든다. 불행이 잠자고 있다면 굳이 그것을 깨울 필요가 없다. 단 한 번의 실패는 큰 의미 없이 지나칠 수도 있지만, 그 불행이 꼬리에 꼬리를 물면 상황이 어떻게 바뀔지 도저히 파악할 수 없다.

어떤 좋은 일이라도 모든 면에서 완벽하지 않듯 어떤 불행에도 완전한 끝이란 없다. 그러니 하늘에서 오는 것들에 대해서는 인내심을, 땅에서 오는 것들에 대해서는 지혜를 발휘해야 한다.

소유한다는 것에 대하여

반드시 내 소유로 삼을 필요는 없는 것들이 있다. 남의 소유일 때 오히려 기쁨이 커지는 것들이 있다. 내 손안에 있을 때는 손상에 대한 걱정이 따르는 것들이 있다. 내 소유가 아닐 때는 오히려 새로운 것에 환호할 물건들이 있다.

물건을 소유한다는 것은 기쁨을 높이기도 하지만 걱정을 높이기도 한다. 물건은 빌려줄 때도 걱정이요, 빌려주기 싫을 때도 걱정이다. 남을 위해 어떤 물건을 잘 보관해봤자 내게 돌아오는 이익은 아무것도 없다. 친구보다는 적을 만들 가능성이 더 커질 뿐이다.

나의 모자란 부분을 개선하라

내게 모자라는 부분을 파악해야 한다. 그것들을 개선하면 뛰어난 사람이 될 수 있다.

단점이란 사람들에게 결여된 진지함과 같아서 나머지 뛰어난 재주들에 그늘을 드리우는 셈이다. 온화함이 부족한 자들이 있고, 실천력이 결여된 자들도 있으며, 겸손함을 찾아볼 수 없는 자들도 있다. 이러한 모든 해악은 자기 자신을 제대로 파악함으로써 근절할 수 있다.

신중하게 행동하여 단점을 개선하고 좋은 습관으로 만들어라. 이로써 제2의 천성으로 바꾸어라.

§

세상의 비밀을 풀어나갈 수 있는 것은
사색의 힘이다.

§

으스대지 말라

항상 겸손하라. 재능이 뛰어난 사람일수록 그 재능을 과시하지 않는다. 자신의 재능을 지나치게 의식하여 드러내려는 것은 오히려 그 재능에 큰 흠집을 내는 행위이다. 과시하는 행위는 보는 이에게 큰 고역을 던져준다. 그것을 참아내자면 순교자의 심정이 되어야 할 정도이다.

어떤 일을 성공적으로 수행했을 때 그 일에 쏟은 공을 굳이 드러내지 말라. 남들이 알아차리게 하라. 그래야 그 과정 속 완전함이 천부적 재능에서 비롯된 것임이 강조된다.

현명한 이는 자신의 장점을 절대 아는 체하지 않는다. 이로써 오히려 남들의 이목을 끌 수 있다. 자신의 완전함을 굳이 의식하지 않아도 이미 온갖 종류의 완전함을 다 갖추었으니 대중의 박수갈채가 쏟아진다.

미래를 내다보라

앞날을 내다볼 줄 알아야 한다. 오늘 이미 내일을, 나아가 더 먼 미래를 내다볼 줄 알아야 한다. 근심과 걱정의 날들이 언제가 될지를 미리 점치고 대비하는 것보다 더 큰 신중함은 없다.

세심한 이들에게 불의의 사고란 거의 없다. 주의 깊은 이들에게 뜻밖의 위험이란 거의 없다. 그러니 늪에 목이 잠길 때까지 생각을 미뤄서는 안 된다. 일이 터지기 전에 미리 생각해야 한다.

베개는 말 없는 예언자다. 베개를 베고 눈 감은 채로 고민하는 것이 나중에 눈뜬 채로 한탄하는 것보다 낫다. 삶 전체를 통해 끊임없이 생각하고 또 생각해야 올바른 길에서 벗어나지 않을 수 있다.

겉모습에 현혹되지 말라

사람들은 대부분 내용이 아니라 겉모습을 보고 모든 것을 판단하려 한다. 속까지 들여다보는 이는 매우 드물다. 반면 겉모습만으로 판단하는 자들은 수두룩하다. 이것이 현실이다. 정당하다고 아무리 소리 높여도 모든 일이 해결되지는 않는다. 이는 사람들이 겉으로 드러나는 모습을 중시하기 때문이다.

속을 들여다보라

　사물의 본질이 겉보기와는 영 딴판일 때가 많으니 속을 들여다보아야 한다. 껍질 속을 파고들 줄 모르는 무지한 자들은 속을 들여다보곤 실망감을 금치 못한다.

　겉으로 드러난 것은 거짓일 때가 많다. 거짓의 뒤를 좇는 자들은 겉만 보고 금세 거짓에 현혹되곤 한다. 그러나 진실하고 올바른 것은 늘 깊은 곳에 감춰져 있게 마련이다.

내실을 다지는 사람이 되라

내실을 다지는 이는 그렇지 않은 자들에게서 만족을 얻지 못한다. 겉보기에 완전해 보인다고 해서 실제로 완전한 것은 아니다. 겉모습은 거짓인 경우가 더 많다.

그들은 착각을 잉태하여 거짓을 출산한다. 그들과 비슷한 성향을 지닌 자도 적지 않다. 그들과 비슷한 자들이란 많은 것을 보장해주지 못하는 진실보다는 많은 것을 약속하는 거짓에서 더 큰 즐거움을 찾는 자들을 의미한다.

거짓은 꼬리에 꼬리를 문다. 그 결과 건물 전체가 부실해지고 사상누각은 결국 무너지고 만다.

그릇된 일은 오래가지 못한다. 많은 것을 약속하는 자체가 의심의 대상이다. 너무 많은 증거로 뒷받침되어야 하는 건 결코 올바른 것일 수 없다.

상인의 기질을 익혀라

상인의 기질을 조금 익혀둘 필요가 있다.

인생의 모든 것이 항상 신중하게 진행되지는 않는다. 행동 역시 마찬가지다. 매우 지혜로운 사람이 엉뚱하게도 터무니없는 사기를 당하지 않던가. 이는 많은 것을 알고 있지만 정작 살아가는 데 꼭 필요한 일상의 지식은 갖추지 못했기 때문이다. 그들은 고매한 것들을 관찰하느라 일상적인 셈법을 배울 시간이 없었다.

이렇듯 남들 모두가 알고 있는 꼭 필요한 지식을 알지 못할 경우, 한편으로는 존경받을 수도 있으나 번지르르한 겉모습을 중시하는 대중으로부터 무지하다는 평가를 받을 수 있다.

현명한 이는 상인들에게서 배울 점을 찾는다. 더도 말고 덜도 말고 속거나 조롱당하지 않을 정도로만 배워 익힌다. 상인은 일상생활에 필요한 것들에 대해서는 달인의 경지에 오른 이 아니던가. 상인은 인생의 고결한 부분에는 무지할지라도 살아가는 데 꼭 필요한 것들은 간파하고 있다.

우리가 지식을 쌓는 이유란 써먹기 위해서 아닌가? 아무짝에도 쓸모없는 지식이란 없다. 그리고 오늘날 가장 참된 지식은 바로 살아가는 방법을 익히는 것이다.

행복한 퇴장이 중요하다

　행복의 집에 환호와 함께 들어갔다면 나올 때는 비탄이 기다리고 있을 것이다. 비탄의 문으로 들어갔다면 나올 때는 환호의 문을 통과할 것이다. 이는 마무리를 염두에 두어야 한다는 것, 등장할 때의 박수갈채보다는 행복한 퇴장에 더 신경을 써야 한다는 의미다.

　등장할 때 모든 이의 박수를 받느냐는 사실 중요한 게 아니다. 등장할 때는 누구나 박수를 받지 않던가. 중요한 것은 퇴장할 때이다. 어떤 평가를 받느냐 하는 것이 고스란히 드러나기 때문이다. 퇴장한 이가 다시 무대 위에 오르기를 바라는 경우는 드물다. 퇴장하는 이를 행복이 현관까지 배웅하는 경우는 거의 없다. 들어올 때 예의 바르게 맞이했더라도 나갈 때는 차가운 태도로 무시해버리는 것이 바로 행복이다.

일에는 늘 순서가 있다

인생의 마지막에 해야 할 일을 처음에 하는 식의 오류를 범하지 말라.

먼저 휴식부터 취하고 일을 나중으로 미루는 자들은 어리석기 그지없다. 왜냐하면 중요한 것들이 항상 처음에 등장하기 때문이다. 부수적인 것들은 나중에 여유가 생길 때 등장한다.

한편, 누군가는 싸우기도 전에 승리에 취한다. 또 누군가는 중요하지 않은 것부터 배운다. 정작 자신의 명예를 드높이고 큰 도움이 될 지식들을 쌓는 일은 인생의 후반부로 미루는 것이다. 이런 식이라면 행복한 인생을 꾸려나가려는 노력을 시작하기도 전에 머릿속이 캄캄해질 것이다. 배움에서나 삶에서나 올바른 순서를 따르는 것이 중요한 이유이다.